汪 忆 ◎ 著

高等职业教育专业群

数字人才培养

体系研究

GAODENG ZHIYE JIAOYU ZHUANYEQUN

SHUZI RENCAI PEIYANG

TIXI YANJIU

西南财经大学出版社

中国·成都

图书在版编目(CIP)数据

高等职业教育专业群数字人才培养体系研究/汪忆
著.--成都:西南财经大学出版社,2025.1.--ISBN 978-7-5504-6501-5

Ⅰ.G718.5

中国国家版本馆 CIP 数据核字第 2024SQ1085 号

高等职业教育专业群数字人才培养体系研究
汪　忆　著

责任编辑:李特军
助理编辑:向　虎
责任校对:石晓东
封面设计:墨创文化
责任印制:朱曼丽

出版发行	西南财经大学出版社(四川省成都市光华村街55号)
网　　址	http://cbs.swufe.edu.cn
电子邮件	bookcj@ swufe.edu.cn
邮政编码	610074
电　　话	028-87353785
照　　排	四川胜翔数码印务设计有限公司
印　　刷	成都国图广告印务有限公司
成品尺寸	170 mm×240 mm
印　　张	13.25
字　　数	223 千字
版　　次	2025 年 1 月第 1 版
印　　次	2025 年 1 月第 1 次印刷
书　　号	ISBN 978-7-5504-6501-5
定　　价	79.80 元

前言

在 21 世纪，迅猛发展的新一代信息技术正以前所未有的深度和广度重塑全球经济结构与社会形态，推动人类社会步入全面数字化的新时代。数字经济作为继农业经济、工业经济之后的主要经济形态，已经成为全球经济增长的新引擎。面对这一历史性变革，如何培养适应数字经济时代需求的高素质、高技能数字人才，成为教育界尤其是高等职业教育领域亟待解决的重大课题。本书旨在深入探讨高等职业教育如何顺应时代潮流，构建高效、科学的数字人才培养体系，为国家数字经济发展提供坚实的人才支撑。

"高等职业教育专业群数字人才培养体系研究"是一个具有时代意义和实际应用价值的研究方向。本书聚焦当前数字技术领域，探讨在新一轮科技革命和产业变革背景下，如何培养适应未来发展需求的数字化人才。本书主要内容包括研究背景、研究目标、研究意义、企业数字化转型、教育数字化转型研究、高等职业教育专业群构建研究、高等职业教育专业群数字人才培养体系的理念与原则、构建要素、数字人才培养定位、数字人才培养体系待解决的关键问题、数字人才培养体系的研究内容、数字人才培养体系的质量评价标准、数字人才培养体系的实践特色与创新、数字人才培养体系的研究结论与未来展望。

本书的研究具有显著的时效性。随着数字经济的发展，社会对新一代信息技术人才的需求日益增长，这一研究具有紧迫性和现实意义。数字经济的崛起不仅改变了传统产业的运作模式，还催生了一系列新兴产业，如云计算、大数据、人工智能等。这些新兴产业的发展对人才培养提出了全新的要求，其需要具备跨学科知识、创新思维和实践能力。然而，当前数字人才培养体系尚不完善，存在诸多挑战和问题。因此，本书的研究旨在响应这一时代需求，为高等职业教育在数字人才培养方面提供理论支持和实践指导。

本书的研究具有高度的专业性。本书涉及教育学、信息技术、产业发展等多个领域的专业知识。在教育学领域，本书探讨了高等职业教育如何适应数字经济时代的发展，提出新的教育理念和教学模式。在信息技术领域，本书分析了新一代信息技术的特点和应用情况，为数字人才培养提供了技术基础。在产业发展领域，本书研究了数字经济对传统产业的改造和新兴产业的崛起，为数字人才培养提供了支持。这种跨学科的综合性研究使得本书在数字人才培养体系方面具有较高的学术价值和实践意义。

本书的研究具有创新性。本书围绕新技术如人工智能、大数据、云计算等，探索数字人才培养的新模式，提出创新的教育理念和培养方案。例如，本书探讨了如何将新技术融入高等职业教育的教学体系，培养学生的创新思维和实践能力。同时，本书还研究了如何搭建产教融合的创新平台，实现学校与企业之间的深度合作，共同培养适应数字经济时代需求的数字人才。这些创新性的研究，不仅丰富了数字人才培养的理论体系，还为高等职业教育实践提供了参考。

本书的研究成果具有较强的实践性。本书可以为高等职业院校、行业企业以及政策制定者提供参考，具有较强的应用价值。对于高等职业院校，本书提供了数字人才培养的具体方案和教学模式，可以帮助学校优化课程设置和教学内容，提高数字人才培养的质量；对于行业企业，本书提供了数字人才培养的需求分析和培养路径，可以帮助企业更好地与学校合作，共同培养符合企业需求的数字人才；对于政策制定者，本书提供了帮助高等职业院校数字人才培养的政策建议和实施路径，可以为政府制定相关教育政策提供参考。

此外，本书的研究还具有前瞻性。本书探讨了未来技术和产业发展趋势下的人才需求，对未来教育模式和人才培养具有参考和借鉴价值。随着科技的不断进步和产业的不断发展，社会对数字人才的需求也在不断变化。本书通过深入研究未来技术和产业的发展趋势，预测了未来数字人才的需求变化，为高等职业教育提供了前瞻性的指导。这种前瞻性的研究，不仅有助于学校和企业把握未来数字人才培养的方向，还为政府制订长远的教育规划提供了参考。

在具体的研究内容方面，本书首先分析了数字人才培养的政策背景、产业背景和数字人才需求背景。在政策背景方面，各国政府纷纷出台相关政策，加快数字人才培养，以适应数字经济发展的需求。同时，高等职业教育也面临政策调整和教学改革的挑战。在产业背景方面，信创产业的崛起、数字产业化和产业数字化的发展为数字人才培养提供了广阔的舞台。在数字人才需求背景方面，无论是数字产业化还是产业数字化，都迫切需求数字人才。这些背景分析明确了本书研究的紧迫性和重要性。

本书还对数字化转型（包括企业数字化转型和教育数字化转型）进行了深入研究。企业数字化转型是当前经济发展的重要趋势，也是数字人才培养的重要方向。本书分析了企业数字化转型的现状、面临的挑战和机遇，为数字人才培养提供了实践经验和启示。教育数字化转型是高等职业教育适应数字经济发展的必然要求。本书探讨了教育数字化转型的内涵、目标和路径，为数字人才培养提供了理论支持和实践指导。

在高等职业教育专业群构建方面，本书重点研究了高等职业教育专业群的构建理念、原则、要素和目标。本书认为，高等职业教育专业群的构建应以产业需求为导向，以跨学科融合为特点，以培养高素质、高技能数字人才为目标。同时，本书还探讨了高等职业教育专业群的建设内容、举措和预期成效，为数字人才培养提供了具体的实施路径。

高等职业教育专业群数字人才培养体系研究是本书的核心内容。本书深入探讨了数字人才培养体系的构建理念、原则、要素和定位。本书认为，在当前数字化转型的浪潮中，高等职业院校作为培养高技能人才的重要阵地，面临前所未有的机遇与挑战。为了积极推进国家创新驱动发展战略，深化产教融合、校企合作，本书以专业群为载体，构建了一套科学、系统且高效的高等职业教育专业群数字人才培养体系，以期培养出既具有扎实专业基础又具有较强数字技能与创新能力的复合型人才。同时，本书还研究了数字人才培养体系亟待解决的关键问题，如缺乏真实实践环境、缺乏专业融合发展、缺乏有效实施手段等，并提出了相应的解决方案。此外，本书还实证研究了数字人才培养体系的有效性和可行性，为高等职业院校和企业提供了具体的实施路径和参考经验。

在数字人才培养体系的质量评价标准方面，本书提出了全面、科学的评价体系。本书认为，数字人才培养体系的质量评价应从实施路径的有效性、产教融合平台建设的深化程度、培养模式的实施效果、教育改革的推进程度以及创新性和适应性等多个维度进行。这些评价标准为高等职业院校和企业提供了评估数字人才培养质量的具体指标和方法，有助于推动数字人才培养体系的不断完善和优化。

最后，本书对数字人才培养体系的研究结论进行了总结，并对未来进行了展望。本书认为，构建高效、科学的数字人才培养体系是高等职业教育适应数字经济时代发展的必然选择。未来，随着科技的不断进步和产业的不断发展，数字人才培养将面临更多的挑战和机遇。本书希望通过对数字人才培养体系的深入研究和实践探索，为高等职业教育在数字人才培养方面提供有益的参考和借鉴。同时，本书也期待更多的学者和实践者加入数字人才培养的研究与实践中来，共同推动高等职业教育在数字人才培养方面的不断创新和发展。

总之，"高等职业教育专业群数字人才培养体系研究"是一个具有重大意义的课题。本书对数字人才培养的政策背景、产业背景和需求背景进行了深入分析，明确了本研究的紧迫性和重要性。同时，本书对数字化转型、高等职业教育专业群构建以及数字人才培养体系进行了全面、深入的研究和实践探索。本书的研究成果不仅丰富了数字人才培养的理论体系和实践经验，还为高等职业教育在数字人才培养方面提供了参考和支持。本书的研究和探讨，有助于推动高等职业教育在数字人才培养方面的不断创新和发展，为国家数字经济的持续发展提供坚实的人才支撑。同时，我们也期待更多的学者和实践者能够关注这一领域的研究与实践，共同为培养适应数字经济时代需求的高素质、高技能数字人才贡献智慧和力量。

本书获得重庆城市管理职业学院教学创新团队项目、教育部教指委全国高等职业院校信息技术课程教学改革研究项目（KT2024233）、重庆市教委科学技术研究项目（KJZD-K202303302、KJQN202403315）及重庆市教育科学规划课题（2020-GX-163、K24ZG3130279）的资助，是其主要的研究成果。

本书由重庆城市管理职业学院汪忆撰写，在本课题的研究和本书的撰写过程中得到了各位领导及研究团队的大力支持与帮助，在此表示衷心的感谢！本书在写作过程中参考了一些文献资料，在此向这些文献的作者表示衷心的感谢！虽然笔者对书稿进行了精心的设计与组织，但限于经验和水平，书中难免存在不足之处，欢迎读者给予批评和指正，在此深表谢意！

汪忆

2024 年 8 月

目录

1 研究背景

1.1 政策背景

1.1.1 加快数字人才培养的政策背景

2024 年，下发《人力资源社会保障部 中共中央组织部 中央网信办 国家发展改革委 教育部 科技部 工业和信息化部 财政部及国家数据局共同发布〈加快数字人才培育支撑数字经济发展行动方案（2024—2026 年）〉的通知》（人社部发〔2024〕37 号）。该文件旨在贯彻落实党中央、国务院关于发展数字经济的决策部署，通过加快对数字人才的培育，提升其自主创新能力，激发创新创业活力，从而为高质量发展赋能蓄力。

《加快数字人才培育支撑数字经济发展行动方案（2024—2026 年）》的发布，体现了中国政府对数字经济发展的高度重视和对数字人才培育的紧迫需求。从专家的视角来看，这个文件的发布具有以下几个方面的影响及重要意义。

政策协同与跨部门合作。该方案由多个部门联合发布，体现了政府在数字人才培养方面的政策协同和资源整合能力。这种跨部门的协作机制有助于打破"信息孤岛"，形成统一的数字人才培养战略和行动计划，确保政策的连贯性和执行力。

对数字经济的支撑作用。该方案的实施将有助于解决数字经济发展中的人才瓶颈问题，通过培养和引进高端数字人才，推动数字技术创新和产业升级。

教育与培训体系的改革。该方案的实施将推动教育和培训体系与数字经济相适应的改革。这包括在目前教育体系上更新教育理念、教育课程，加强实践教学，以及与企业深度产教融合开展多元协同育人等有效措施，以提高教育的针对性和实用性。

创新人才培养模式。鼓励学校采用更加灵活和创新的数字人才培养模式，如在线教育、终身学习、工学结合、产教融合等，以适应快速变化的数字技术环境。

国际合作与交流。在全球化背景下，数字人才的培养不仅需要统筹国内资源，也需要拓宽国际视野，加强国际交流与合作。其方案包含促进国际合作与交流的措施，如引进国外优秀教育资源、鼓励学生和教师的国际交流等。

政策激励与支持。为了吸引和培养数字人才，政府提出一系列激励措施，如税收优惠、创业支持、职业发展路径规划等，以营造有利于数字人才成长的环境。

数据驱动的决策。国家数据局的参与表明政府将利用大数据和人工智能等技术来监测和评估数字人才的培养效果，从而实现基于数据的精准管理和决策。

《加快数字人才培育支撑数字经济发展行动方案（2024—2026年）》的内容包括总体要求、重点任务及政策保障。

在总体要求方面，以习近平新时代中国特色社会主义思想为指导，全面贯彻党的二十大精神，落实2021年中央人才工作会议部署，坚持党管人才原则，坚持创新引领和服务发展，坚持需求导向和能力导向，紧贴数字产业化和产业数字化发展需要，用3年左右时间，扎实开展数字人才育、引、留、用等专项行动，提升数字人才自主创新能力，激发数字人才创新创业活力，增加数字人才有效供给，形成数字人才集聚效应，着力打造一支规模壮大、素质优良、结构优化、分布合理的高水平数字人才队伍，从而推动数字经济高质量发展。

在重点任务方面，实施数字技术工程师培育项目，重点围绕大数据、人工智能、智能制造、集成电路、数据安全等数字领域新职业，以技术创新为核心，以数据赋能为关键，开辟数字人才自主培养新赛道；采取数字技能提升行动，全面推行工学一体化技能人才培养模式，深入推进产教融合，支持建设行业企业、职业院校（含技工院校）、职业培训机构、公共实训基地、技能大师工作室等，加强创新型、实用型数字技能人才培养培训；建立"新八级工"职业技能等级制度，开展数字职业技能等级认定；

开展数字人才国际交流活动，培养一批具有国际视野的骨干人才；开展数字人才创新创业行动，支持建设资源链条，加大数字人才创业培训力度，积极培育数字经济细分领域专业投资机构，加快建设一批数字经济领域专业型国家级人才市场，为数字人才流动等提供人事档案基本公共服务；开展数字人才赋能产业发展行动，培养一批既懂产业技术又懂数字技术的复合型人才，助力产业数字化转型和高质量发展，加快产学合作协同育人，加大博士后人才培养力度；举办数字职业技术技能竞赛活动，在全国技能大赛专设智能制造、集成电路、人工智能、数据安全等数字职业技术技能竞赛项目，支持各地和有关行业举办数字职业技术技能竞赛。

在政策保障方面，该方案包括优化培养政策、健全评价体系、完善分配制度、提高投入水平、畅通流动渠道、强化激励引导六个政策保障措施。

该方案的发布是中国政府响应数字经济发展趋势，主动作为，全面提升国家数字竞争力的重要举措。通过系统的人才培养和政策支持，为中国数字经济发展提供坚实的人才基础和智力支持。

1.1.2 高等职业教育的政策背景

1.1.2.1 2022 年修订的《中华人民共和国职业教育法》综述

2022 年修订的《中华人民共和国职业教育法》（以下简称"新法"）是我国职业教育发展史上的重要里程碑，对推进现代职业教育体系建设、提高劳动者素质和技术技能水平、促进就业创业等方面具有深远影响。本书以下从职业教育体系、职业教育的实施、职业学校和职业培训机构、职业教育的教师与受教育者、职业教育的保障以及法律责任等角度进行总结。

（1）职业教育体系

新法明确了职业教育是与普通教育是具有同等重要地位的教育类型，是国民教育体系和人力资源开发的重要组成部分。它构建了服务全民终身学习的现代职业教育体系，强调职业教育与普通教育相互融通，不同层次职业教育有效贯通，形成纵向贯通、横向融通的教育格局。新法还规定了职业教育体系的层次结构，包括中等职业学校教育、高等职业学校教育，以及将符合条件的技师学院纳入高等职业学校序列，实现对职业教育类型的全覆盖。

（2）职业教育的实施

新法在职业教育的实施方面要求根据经济社会发展需要和职业分类、职业标准、职业发展需求制订教育标准或培训方案，实行学历证书及其他学业证书、培训证书、职业资格证书和职业技能等级证书制度。新法还鼓励职业教育领域的对外交流与合作，支持引进境外优质资源发展职业教育，加快职业教育国际化进程。

（3）职业学校和职业培训机构

新法对职业学校和职业培训机构的管理与设置提出了具体要求。国家鼓励发展多种层次和形式的职业教育，支持社会力量广泛、平等参与职业教育。同时，国家还明确了职业学校和职业培训机构在课程设置、教学质量、实训基地建设等方面的具体要求，以确保职业教育高质量发展。

（4）职业教育的教师与受教育者

新法在教师方面强调了职业教育教师的专业性和教学能力，建立了职业学校和职业培训机构教师的资格认证、继续教育等制度。同时，新法鼓励企业技术人员、高技能人才等参与职业教育教学，提升职业教育的实践性和应用性。在受教育者方面，新法保障了公民依法接受职业教育的权利，并对职业学校和职业培训机构的招生、学籍管理、毕业就业等方面提出了具体要求。

（5）职业教育的保障

新法在职业教育的保障方面明确了各级政府、行业企业、职业学校等主体的责任和义务，为职业教育发展提供了坚实的制度保障；规定了职业教育经费的投入、使用和管理机制，确保职业教育经费的稳定增长和合理使用。同时，新法鼓励企业和社会力量通过多种形式支持职业教育发展，形成多元化的职业教育投入机制。

（6）法律责任

新法在法律责任章节明确了违反新法的各种行为及法律后果，包括违法办学、侵犯受教育者权益、挪用职业教育经费等行为。这些规定为《中华人民共和国职业教育法》的实施提供了有力的法律保障，确保了职业教育的规范有序发展。

综上所述，新法在职业教育体系、职业教育的实施、职业学校和职业培训机构、职业教育的教师与受教育者、职业教育的保障以及法律责任等方面进行了全面系统的规定，为新时代职业教育高质量发展提供了坚实的法治保障。

1.1.2.2　现代职业教育体系建设相关文件综述

2023 年,《教育部办公厅关于加快推进现代职业教育体系建设改革重点任务的通知》(教职成厅函〔2023〕20 号)(以下简称《通知》)发布。该通知旨在深入贯彻党的二十大精神,落实中共中央办公厅、国务院办公厅印发的《关于深化现代职业教育体系建设改革的意见》,加快构建央地互动、区域联动、政行企校协同的职业教育高质量发展新机制,有序有效推进现代职业教育体系建设改革。以下是对《通知》及后续实施措施的综述。

随着我国经济社会的快速发展和产业结构的不断优化升级,职业教育面临新的机遇与挑战。为了培养更多适应市场需求的高素质技术技能人才,教育部提出了加快现代职业教育体系建设改革的重大战略任务。《通知》明确指出,要通过构建央地互动、区域联动、政行企校协同的新机制,推动职业教育高质量发展,提升职业教育服务经济社会发展的能力。

(1) 重点任务概述

《通知》部署了以下重点任务,涵盖了产教融合、实训基地建设、教学资源库构建、数字化转型等多个方面。

①市域产教联合体建设:各地要积极打造兼具人才培养、创新创业、促进产业经济高质量发展功能的省级市域产教联合体,推动实体化运作,促进教育链、人才链与产业链、创新链的紧密结合。

②跨区域行业产教融合共同体:支持龙头企业和高水平高等学校、职业学校牵头,联合行业组织、科研机构等共同组建产教深度融合的共同体,培养行业急需的高素质技术技能人才。

③实践中心建设:面向国家重大战略和区域经济发展,建设一批集实践教学、社会培训、真实生产和技术服务功能于一体的实践中心,全面提升职业教育的实践教学质量和服务能力。

④职业教育专业教学资源库:加快构建国家、省、校三级中职高职本科全覆盖的职业教育专业教学资源库,为学生提供便捷高效的全流程学习服务。

⑤数字化转型:各校要积极落实《职业院校数字校园规范》,建设校本大数据中心,推动数字技术与职业院校办学深度融合,建成一批全国性和区域性数字化标杆学校。

⑥虚拟仿真实训基地建设：针对专业实训教学中的高投入、高难度等问题，各校应建设职业教育虚拟仿真实训基地，革新传统实训模式，提升实训教学效果。

⑦一流核心课程与优质教材建设：支持各地结合区域重点产业发展需求，推进职业教育一流核心课程建设和实施，同时建设一批全国性职业教育产教融合优质教材，提升人才培养质量。

⑧典型生产实践项目：支持校企共同开发典型生产实践项目，引导学生在真实职业环境中学习应用知识和职业技能，提升人才培养的针对性和适应性。

（2）实施措施与保障

为确保各项重点任务的顺利完成，《通知》提出了多项保障措施。

①加强组织领导：省级教育行政部门负责领导本行政区域的产教联合体建设，防止一哄而上、盲目建设。教育部将加强对市域联合体工作和运行的过程和动态管理。

②加大财政支持力度：各地要强化统筹，加大财政支持力度，指导学校系统设计校本数字化整体解决方案，推进各级资源库和实践中心的建设。

③强化监测评估：各地要定期接受管理监测，确保各项任务按计划推进，并及时总结经验。

（3）文件通知的意义

《教育部办公厅关于加快推进现代职业教育体系建设改革重点任务的通知》的发布，标志着我国现代职业教育体系建设进入了一个新的发展阶段。通过构建央地互动、区域联动、政行企校协同的新机制，职业教育将更加紧密地服务经济社会发展需求，为培养更多高素质技术技能人才提供有力支撑。同时，该通知的实施也将推动职业教育的数字化转型和教学模式创新，为职业教育的可持续发展奠定坚实基础。

《教育部办公厅关于加快推进现代职业教育体系建设改革重点任务的通知》及后续实施措施，是我国职业教育改革发展的重要里程碑，对提升职业教育质量、服务经济社会发展具有重要意义。

地方政府也开始部署现代职业教育体系改革实施方案，如《教育部重庆市人民政府关于印发〈深化现代职业教育体系改革服务成渝地区双城经济圈建设实施方案〉的通知》（渝府发〔2023〕22号），旨在通过一系列改革创新举措，全面深化现代职业教育体系，为成渝地区双城经济圈建设提供有力的教育支撑。该方案明确了以习近平新时代中国特色社会主义思想为指导，全面贯彻党的二十大精神，推动现代职业教育高质量发展，构建政府、企业、职业学校、科研机构高效协同的现代职业教育体系。

在人才培养方面，该方案提出了提升职业学校办学能力、健全人才培养体系、创新人才培养模式等具体措施。到 2025 年，计划实现 90% 以上职业学校办学条件达标，支持建设一流核心课程、优质教材和实践项目，并实施职业教育数字化行动，建设国家级在线精品课程和职业教学资源库。同时，强化中等职业教育基础地位，推动高等职业教育提质扩优，本科层次职业教育招生规模占比不低于高等职业教育招生规模的 10%，并探索职普融通、学分互认等机制，拓宽学生成长成才通道。

为深化产教融合，该方案提出组建市域产教联合体和产教融合共同体，围绕智能网联新能源汽车、新一代电子信息制造业等重点产业集群，构建多跨协同的产教联合体，促进职业教育与产业发展深度融合。此外，该方案鼓励职业学校服务乡村振兴，与有关区县共建乡村振兴学院，培养现代农业专业技能人才，助力区域绿色发展。

在科教融汇方面，该方案强调搭建科研创新平台，提升职业院校科研能力，引导高水平本科院校对高职院校开展科研帮扶，搭建一批高端科创平台。推进科教协同育人，联合开设"科技人才班"，培养创新型人才。同时，优化科技创新生态，支持高职院校与区县共建"环大学创新生态圈"，提升科技成果转化成效。

在国际合作方面，该方案提出搭建多元国际合作平台，建设职业教育国际合作联盟，提升川渝职业教育对外开放水平。创新"中文+职业技能"融合育人模式，推动中国职业教育"走出去"，制定具有国际影响力的职业教育标准，打造"巴渝文化+职业技能"的国际交流品牌。

最后，该方案明确了组织保障措施，包括加强党的全面领导、健全协同推进机制、完善政策制度和营造良好工作氛围等，确保各项改革举措落地见效。通过这一系列改革措施，重庆市将构建适应新时代要求的现代职业教育体系，为成渝地区双城经济圈建设提供坚实的人才支撑和智力保障。

1.2　产业背景

1.2.1　信创产业背景

信创，即信息技术应用创新。过去很多年，国内 IT 领域底层的标准、架构、生态等大多由国外 IT 巨头制定，因此存在诸多安全风险。信创涉及的行业包括 IT 基础设施（CPU 芯片、服务器、存储、交换机、路由器、各种云和相关服务内容）、基础软件（数据库、操作系统、中间件）、应用软件（OA、ERP、办公软件、政务应用、流版签软件）、信息安全（边界安全产品、终端安全产品）等。

信息技术应用创新发展是我国目前的一项国家战略，也是当今形势下国家经济发展的新动能。信创产业发展已经成为经济数字化转型、促进产业链发展的关键，从技术体系引进、强化产业基础、增强保障能力等方面着手，促进信创产业在本地落地生根，带动传统 IT 信息产业转型，构建区域级产业集群。

因此，我们要逐步建立属于自己的 IT 底层架构和标准，形成自己的开放生态，而这也是信创产业的核心。通俗来讲，就是在核心芯片、基础硬件、操作系统、中间件、数据服务器等领域实现国产产品替代。信创产业是数据安全、网络安全的基础，也是"新基建"的重要内容，将成为拉动我国经济发展的重要抓手之一。习近平总书记提出，要掌握创新和发展的主动权，促进中国产业迈向全球价值链中高端，我们一定要掌握核心技术，加快实现国产产品替代。

中国信创产业的发展前景广阔。信创产业主要包括基础设施、基础软件、应用软件及信息安全四大板块。信创产业，与"863 计划""973 计划"及"核高基"等一脉相承，旨在实现我国 IT 产业的自主可控、安全可靠。首先，政策支持是信创行业发展的有力保障。中国政府高度重视信息化建设，相继出台了一系列政策措施，如"互联网+""数字中国"等战略规划，为信创行业发展创造了良好的政策环境。这些政策不仅为行业提供了资金支持，还为企业提供了市场准入、税收优惠等多方面的便利，极大地激发了企业的创新活力。其次，市场需求是信创行业发展的内在动力。随着中国经济社会的持续发展，各行各业对信息技术的需求日益增长。从智能制造、智慧城市到在线教育、远程医疗，信创技术的应用范围不断扩大，市场规模持续扩大。尤其是在当前全球经济形势复杂多变的背景下，信创技术在帮助企业降低成本、提高效率方面发挥了重要作用，进一步推动了各行业的发展。最后，技术创新是信创行业发展的核心驱动力。近年来，中国在人工智能、大数据、云计算等领域取得了显著成果，为信创行业发展提供了强大的技术支撑。众多企业加大研发投入力度，不断推出具有自主知识产权的新产品和新技术，提升了中国在全球信创领域的竞争力。同时，学术界和产业界的紧密合作也为技术创新提供了源源不断的支持。中国信创行业在政策支持、市场需求、技术创新和人才培养等方面具备良好的发展条件，展现出广阔的前景。但同时，中国信创行业也需要应对国际竞争、技术更新和数据安全等方面的挑战。

在当今快速发展的数字化时代，随着数字化转型的深入，信创产业不仅推动了传统产业的升级换代，也催生了众多新兴业态和商业模式。各个企业在这一过程中，特别是技术、市场和管理等关键领域对数字人才的需求日益增长。信创产业已成为推动中国经济增长的重要力量。在这一背景下，中国信创产业的生态链不断完善，对数字人才的需求也日益增长。数字人才作为信创产业发展的核心驱动力，其重要性不言而喻。

在信创产业中，数字人才的需求主要集中在以下几个方面。

技术研发与创新：信创产业的核心在于技术创新，其对于具备深厚技术功底和创新能力的数字人才有着极高的需求。这些人才需要具备扎实的计算机科学、软件工程、人工智能、大数据等领域的知识，能够进行技术研究和产品开发。这些人才还需要具备跨学科的知识储备，以便在信创领域的各个子领域之间进行跨界合作和创新。

产品管理与运营：随着信创产业的不断发展，其对于能够理解市场需求、精通产品管理的数字人才的需求也在不断增加。这些人才需要具备敏锐的市场洞察力，能够准确把握用户需求和市场趋势，制订相应的产品策略。这些人才还需要具备良好的项目管理能力，以确保产品从研发到上市的各个环节都能高效运作。

数据安全与合规：在数字化时代，数据安全和合规问题日益凸显。信创产业对于具备数据安全和合规知识的数字人才有着迫切需求。这些人才需要具备网络安全、加密技术、隐私保护等方面的专业知识，能够为企业提供数据安全保障和合规建议。这些人才还需要关注国内外相关政策法规的变化，及时调整企业的数据安全和合规策略。

用户体验与服务：随着市场竞争的加剧，优化用户体验和服务已成为信创企业的核心竞争力之一。因此，信创产业对于具备用户体验设计和数字化服务意识的数字人才的需求也在不断增长。这些人才需要具备良好的设计思维和研究能力，能够从用户的角度出发，优化产品和服务。这些人才还需要具备良好的沟通和服务能力，以便与用户建立良好的互动关系。

产业链协同与整合：信创产业的生态链涉及众多企业和领域，其对于具备产业链协同和整合能力的数字人才有着较高的需求。这些人才需要具备较强的资源整合和协调能力，能够促进产业链上下游企业之间的合作与共赢。这些人才还需要具备一定的政策敏感性和行业洞察力，以便把握政策导向和行业发展趋势，为产业链的协同发展提供有力支持。

从技术发展角度看，信创产业的核心在于信息技术的创新和应用，这直接增加了社会对具备高级技术的数字人才的需求。具体来说，随着云计算、大数据、人工智能和物联网等新一代信息技术的快速发展，信创产业需要有大量专业的数字产业化人才进行技术研发、系统集成及应用实施。这些人才不仅需要具有深厚的理论知识，还需要具有将理论应用于实践、解决复杂技术问题的能力。

同时，数字人才的软技能也日益重要。在技术技能之外，团队合作、跨文化交流、创新思维和学习适应能力成为衡量数字人才能力的重要标准。信创产业的特点是快速迭代和持续创新，这要求从业者不仅要有扎实的技术功底，更要有开放的心态和不断学习的意愿，以适应技术发展和产业变化。

综上所述，近几年发展迅速的中国信创产业提出了对多方位、高素质高技能数字人才的迫切需求。只有通过系统的人才培养机制和良好的人才引进政策，才能有效推动信创产业的健康发展，增强中国在全球信息社会中的竞争力。

1.2.2 数字产业化背景

数字产业化作为数字经济的重要组成部分，在推动经济增长、优化产业结构、提升社会服务水平等方面发挥着重要作用。面对目前社会发展趋势，我国应加强顶层设计和政策支持、推动产业融合与创新发展、加强数据安全和隐私保护以及拓展国际合作与交流等方面的工作，以推动数字产业化持续健康发展并为我国经济社会发展注入新的强劲动力。同时，政府和企业还应共同努力培养数字化人才、抓住数字经济发展机遇，共同推动我国数字产业化迈向更高水平。

1.2.2.1 什么是数字产业化

数字产业化是指利用数字技术和信息化手段，推动传统产业向数字化、智能化、服务化方向升级转型的过程，进而形成新的数字产业体系和经济形态。这一过程涵盖了电子信息制造业、软件和信息技术服务业、互联网业、电信服务及广播电视业等多个领域，这些领域中的企业通过技术革新和模式创新，不断催生新业态、新模式，促进经济结构的优化升级。数字产业化不仅是数字技术本身的发展壮大，也是数字技术与实体经济深度融合的产物，更是数字经济发展的先导和核心驱动力。

数字产业化的本质在于，通过对数字技术的应用和创新，改变传统产业的生产方式、业务流程和组织形态，提升其生产效率、创新能力和市场竞争力。同时，数字产业化还涉及数字经济的基础设施建设，如通信网络、数据中心、云计算平台等，这些平台为数字经济的蓬勃发展提供了坚实的支撑。

在数字产业化的过程中，数据成为新的生产要素，其价值得到充分挖掘和利用。企业通过对数据的搜集、存储、分析和应用，可以更加精准地了解市场需求、优化产品设计、提高生产效率，实现个性化定制和智能化服务。这不仅为企业带来了新的商业机会和盈利模式，也为消费者提供了更加丰富与个性化的产品和服务。

1.2.2.2 数字产业化发展现状

在全球范围内，数字产业化正以前所未有的速度发展，成为推动经济增长的重要引擎。根据中国信息通信研究院的数据，近年来，我国数字经济规模持续扩大，对 GDP 的贡献率不断提升。特别是数字产业化，作为数字经济的基础和核心，其规模扩大显著。以电子信息制造业为例，我国已成为全球最大的电子产品生产基地之一，产业链完整，创新能力不断提升。同时，软件和信息技术服务业也保持快速增长态势，云计算、大数据、人工智能等新兴技术不断涌现，为数字产业化提供了强大的技术支持。

数字产业化的发展不仅体现在量的增长上，更体现在质的提升上。随着数字技术的不断创新和应用，传统产业的生产方式、业务流程和组织形态正在发生深刻变革。例如，在制造业领域，智能制造、工业互联网等新模式的应用，使得生产过程更加智能化、高效化；在服务业领域，电商平台、在线教育、远程医疗等新业态的涌现，为消费者提供了更加便捷、个性化的服务体验。

从国际视角看，全球主要经济体都在积极布局数字产业化，争夺数字经济制高点。美国、欧洲、日本等发达国家和地区纷纷出台相关政策，加大投入力度，推动数字技术创新和应用，以抢占未来发展先机。在这一背景下，我国数字产业化面临激烈的国际竞争，但同时也拥有巨大的市场潜力和发展空间。

1.2.2.3 数字产业化的特点

数字产业化具有以下几个显著特点：

（1）技术密集性

数字产业化高度依赖先进的信息技术，技术创新是推动其发展的核心动力。在数字产业化过程中，企业需要不断投入研发资金和人力资源，进行技术创新和产品升级，以保持自身的竞争优势和市场地位。

（2）融合性

数字产业化不是孤立的发展过程，而是与实体经济深度融合的产物。通过数字技术与传统产业的融合，可以推动传统产业转型升级，提升整体经济效能。例如，在农业领域，通过应用物联网、大数据等技术，可以实现精准农业、智能灌溉等新模式，提高农业生产效率和质量。

（3）动态性

数字产业化是一个不断演进的过程，随着技术的不断发展和应用场景的不断拓展，数字产业化的内涵和外延也将不断变化。企业需要不断适应市场变化和技术创新，进行战略调整和业务转型，以保持竞争力和市场地位。

（4）全球性

数字产业化具有全球性的特点，各国都在积极布局和发展数字产业，加强国际合作与交流成为推动数字产业化发展的重要途径。企业需要积极拓展海外市场，参与国际竞争和合作，推动数字技术和产品的全球化应用与推广。

（5）创新性

数字产业化强调创新，包括技术创新、管理创新、商业模式创新等。

通过创新不断催生新产业、新业态、新模式，为经济发展注入新的活力。例如，共享经济的出现就是一种商业模式创新，通过共享资源和服务，实现了资源的合理配置和高效利用。

1.2.2.4 数字产业化的发展趋势

展望未来，数字产业化将呈现以下发展趋势：

（1）技术创新引领产业升级

随着5G、人工智能、区块链等新一代信息技术的快速发展，数字产业化将更加注重技术创新，通过技术突破带动产业升级和转型。例如，5G技术的应用将推动物联网、智慧城市等领域的发展，为数字产业化提供新的增长点。

（2）产业融合加速推进

数字技术与实体经济的深度融合将成为数字产业化的重要特征。传统产业将借助数字技术实现向智能化、网络化、服务化转型，提升生产效率和市场竞争力。同时，数字产业也将与传统产业相互渗透、交叉融合，形成新的产业形态和商业模式。

（3）新业态新模式不断涌现

在数字产业化过程中，将不断催生新业态和新模式，如平台经济、共享经济、数字金融等。这些新业态和新模式将成为数字经济的重要组成部分，为经济发展注入新的活力。例如，平台经济通过整合资源和提供服务，打破了传统产业的边界和限制，实现了跨界融合和创新发展。

（4）数据安全与隐私保护成为重要议题

随着数字经济的深入发展，数据安全与隐私保护问题日益凸显。未来，加强数据安全与隐私保护将成为数字产业化发展的重要方向之一。政府和企业将加大投入力度，加强技术研发和应用创新，提升数据安全防护能力，保障用户隐私和数据安全。

（5）国际化发展加速

在全球化背景下，数字产业化将更加注重国际化发展。企业将积极拓展海外市场，参与国际竞争和合作，推动数字技术和产品的全球化应用与推广。同时，政府也将加强和国际社会的合作与交流，共同推动全球数字经济健康发展。

1.2.2.5 数字产业化的作用

数字产业化在推动经济发展和社会进步方面发挥着重要作用。

（1）促进经济增长

数字产业化作为数字经济的重要组成部分，是推动经济增长的重要引擎。通过技术创新和产业融合，可以催生新的经济增长点，提升整体经济效能。例如，电子商务平台的兴起，不仅带动了线上零售业的快速发展，还促进了物流配送、支付结算等相关产业的繁荣。

（2）优化产业结构

数字产业化有助于推动传统产业向高端化、智能化和绿色化方向发展，优化产业结构布局。同时，培育新兴数字产业，可以形成新的经济增长极，为经济持续健康发展提供有力支撑。例如，智能制造的发展，将推动制造业向智能化、服务化方向转型，提高生产效率和产品质量。

（3）提升社会服务水平

数字产业化在医疗、教育、交通等领域的应用，可以提升社会服务水平，满足人民日益增长的美好生活需要。例如，智慧医疗系统可以提升医疗服务效率和质量；在线教育平台可以打破地域限制，实现优质教育资源的共享；智能交通系统可以缓解城市交通拥堵，提高城市公共交通的出行效率。

（4）增强国际竞争力

数字产业化发展水平是衡量一个国家经济实力和国际竞争力的重要指标之一。加强数字产业化建设，可以提升我国在全球数字经济中的地位和影响力，为参与国际竞争提供有力支撑。例如，我国在5G技术领域的领先地位，为我国在全球数字经济竞争中赢得了优势。

1.2.2.6 数字产业化的挑战与机遇

面对数字经济的快速发展和全球竞争局势的变化，我国数字产业化需要进行相应的调整和把握机遇。

（1）加强顶层设计和政策支持

政府应加强对数字产业化的顶层设计和政策支持，制定明确的发展规划和政策措施，为数字产业化提供良好的发展环境。同时，应加大对数字技术研发和应用的投入力度，推动技术创新和成果转化。政府还可以采取设立专项基金、提供税收优惠等政策措施，鼓励企业加大研发投入力度，推动数字技术创新和应用。

（2）推动产业融合与创新发展

政府应积极推动数字技术与实体经济的深度融合和创新发展，鼓励企业加强技术研发和应用创新，形成一批具有自主知识产权的核心技术和产品。同时，政府应培育和发展新兴数字产业，形成新的经济增长点。政府可以通过搭建产业合作平台、推动跨界融合等方式，促进数字技术与实体经济的深度融合，推动产业转型升级。

（3）加强数据安全和隐私保护

随着数字经济的深入发展，数据安全与隐私保护问题日益凸显。政府应加强相关法律法规的制定，建立健全数据安全保护体系；同时，加强技术研发和应用创新，提升数据安全防护能力。政府和企业应共同努力，加强数据安全管理和技术防护，保障用户隐私和数据安全。

（4）加强国际交流与合作

政府应加强国际交流与合作，共同推动全球数字经济的健康发展。通过参与国际规则和标准制定等工作，提升我国在全球数字经济中的话语权和影响力，同时加强我国企业与国际企业的交流与合作推动双方技术和市场的双向开放与合作共赢。

（5）培养数字化人才

数字产业化的发展需要大量的数字化人才支持。政府和企业应共同努力，加强数字化人才的培养和引进。政府可以通过制定相关政策，鼓励高校与培训机构开设数字化相关专业和课程，培养更多的数字化人才。企业可以通过与高校和培训机构合作，共同培养符合企业需求的数字化人才。

（6）抓住数字经济发展机遇

数字经济正处于快速发展阶段，为我国数字产业化带来了巨大的发展机遇。政府和企业应抓住这一机遇，积极推动数字产业化发展。政府可以通过制定相关政策，鼓励企业加大数字化投入力度，推动数字技术与实体经济的深度融合。我国企业可以积极探索新的商业模式和应用场景，不断创新产品和服务，满足市场需求。

1.2.3 产业数字化背景

在当今全球经济化的格局中，数字经济已成为推动经济社会变革和高质量发展的重要引擎。产业数字化作为数字经济的重要组成部分，正深刻改变着各行各业的运行模式和发展路径。本节将从产业数字化的定义、目的与目标、意义、具体任务、产业数字化方案及产业数字化的必然性等方面进行全面综述，并覆盖农、林、牧、渔业到公共管理、社会保障和社会组织等广泛产业领域。

1.2.3.1　产业数字化的定义

产业数字化是指在新一代数字科技（如大数据、云计算、人工智能、物联网等）的支撑和引领下，以数据为关键要素，以价值释放为核心，对产业链上下游的全要素进行数字化升级、转型和再造的过程。这一过程涉及传统产业的生产、管理、营销等各个环节的深刻变革，旨在通过数字技术的赋能，提升产业效率、优化资源配置、催生新业态和新模式，进而推动经济社会的全面发展。

1.2.3.2　产业数字化的目的与目标

（1）产业数字化的目的

提质增效：通过数字化手段提升产品质量和服务水平，降低生产成本，提高生产效率，增强企业竞争力。

转型升级：推动传统产业向智能化、网络化、服务化方向转型升级，培育新经济增长点。

创新驱动：以数字技术为驱动力，促进技术创新、管理创新、模式创新，引领产业升级。

融合发展：促进数字经济与实体经济深度融合，构建数字化、网络化和智能化的产业生态体系。

（2）产业数字化的目标

实现产业全链条数字化：覆盖研发设计、生产制造、经营管理、市场营销等各个环节，形成全链条的数字化转型。

提升产业核心竞争力：通过数字化手段提升企业的技术创新能力和市场响应速度，增强产业的核心竞争力。

促进经济高质量发展：推动产业结构优化升级，提高经济发展质量和效益，实现经济可持续发展。

1.2.3.3　产业数字化的意义

推动经济转型升级：产业数字化是经济转型升级的重要驱动力，能够助力传统产业实现质的飞跃。

培育新经济增长点：通过数字技术的赋能，催生新业态、新模式，为经济增长提供新的动力源泉。

提升社会治理水平：数字化手段的应用能够提高政府治理的精准性和效率，推动社会治理现代化。

促进可持续发展：产业数字化有助于实现资源的合理配置和高效利用，减少环境污染和能源消耗，推动经济社会可持续发展。

1.2.3.4 产业数字化的具体任务

针对不同领域，产业数字化的具体任务各有侧重，但总体可归纳为五个方面。

基础设施建设：加强信息网络、数据中心、云计算平台等基础设施建设，为产业数字化提供有力支撑。

技术创新与应用：推动大数据、云计算、人工智能等先进技术在产业中的深度应用和创新发展。

业务流程再造：以客户需求为导向，重构业务流程和管理模式，提高业务处理效率和客户满意度。

人才培养与引进：加大数字化人才培养和引进力度，为产业数字化提供人才保障和智力支持。

数据资源开发与利用：深入挖掘和利用数据资源价值，推动数据资源共享和开放利用。

1.2.3.5 各行业产业数字化方案

产业数字化是一个广泛而深入的过程，涉及各行各业。通过运用新一代数字科技，推动产业全链条的数字化转型和智能化升级，不仅能够提升产业的核心竞争力和可持续发展能力，还能够为经济社会发展注入新的动力和活力。

（1）农、林、牧、渔业

智慧农业：运用物联网、大数据等技术对农业生产进行精细化管理，提高农作物产量和品质。

农产品追溯体系：建立农产品全链条追溯体系，保障农产品质量安全和消费者权益。

智能农机装备：推广智能农机装备，提高农业生产效率和机械化水平。

具体实施案例：某农业大省搭建了智慧农业云平台，通过集成物联网、遥感监测等技术，实时监测农田环境参数，为农民提供精准的种植指导和管理建议，有效提高了农作物产量和品质。

（2）采矿业

智能矿山：运用物联网、人工智能等技术实现矿山的智能化开采和管理。

安全生产监测：建立安全生产监测预警系统，提高矿山安全生产水平。

资源综合利用：通过数字化手段提高矿产资源的综合利用效率和环保水平。

具体实施案例：某大型煤矿企业建立了智能矿山系统，实现了井下设备的远程监控和智能调度，显著提高了开采效率和安全性。

（3）制造业

智能制造：推动制造业向智能制造转型，实现生产过程的自动化、智能化。

工业互联网平台：搭建工业互联网平台，促进制造业与信息技术的深度融合。

供应链优化：通过数字化手段优化供应链管理，提高供应链协同效率和响应速度。

具体实施案例：某汽车制造企业通过建设智能制造工厂和工业互联网平台，实现了生产过程的智能化管理和供应链的协同优化，大大提高了生产效率和产品质量。

（4）电力、热力、燃气及水生产和供应业

智能电表与需求侧管理：推广智能电表，实现用电数据的实时采集与分析，为需求侧管理提供数据支持，优化能源使用效率。

分布式能源系统：建立分布式光伏发电、风电等可再生能源系统，并与智能电网相结合，实现能源的高效利用和互补。

远程监控与维护：利用物联网技术对电力、热力、燃气及水生产和供应设备进行远程监控与维护，及时发现并解决问题，保障供应稳定。

具体实施案例：某城市电力公司部署了智能电网系统，结合智能电表和大数据分析，不仅实现了对电力需求的精准预测，还通过动态调整供电策略，有效降低了电网峰谷差，提高了电网的整体运行效率。同时，该公司还引入了分布式光伏发电项目，将部分屋顶和空地改造成光伏电站，既满足了自身的能源需求，又向周边居民和企业提供了清洁能源。

（5）建筑业

建筑信息模型（BIM）：运用 BIM 技术实现建筑设计的数字化、可视化和协同化，提高设计质量和效率。

智能建筑：通过物联网、人工智能等技术实现建筑的智能化管理，包括智能照明、智能安防、智能温控等。

绿色建筑：推广绿色建筑理念，运用节能材料和技术，降低建筑能耗和碳排放。

具体实施案例：某大型商业地产项目采用了 BIM 技术进行全过程设计管理，从方案设计到施工模拟，再到运维管理，都实现了数字化和可视化。同时，该项目还建立了智能建筑系统，通过传感器和智能控制系统实时监测室内环境参数，自动调节照明、空调等设备，实现了节能减排和舒适度的双重提升。

（6）批发和零售业

电子商务：推动传统批发和零售业向电子商务转型，拓宽线上销售渠道，提升顾客体验。

供应链数字化：通过数字化手段优化供应链管理，实现库存的精准控制和物流的高效配送。

大数据分析：运用大数据技术分析顾客行为和市场趋势，为精准营销和商品选品提供决策支持。

具体实施案例：某大型零售商通过搭建电商平台和与第三方电商平台合作，实现了线上线下融合的销售模式。同时，该零售商还建立了先进的供应链管理系统，通过大数据分析预测商品需求，优化库存结构，减少库存积压和缺货现象。此外，该零售商还利用大数据技术进行精准营销，根据顾客的历史购买记录和浏览行为推送个性化商品推荐，提高了销售转化率和顾客满意度。

（7）交通运输、仓储和邮政业

智能交通系统：利用物联网、人工智能等技术建立智能交通系统，提高交通管理效率和道路安全性。

智慧物流：通过数字化手段优化物流流程，实现货物的快速、准确、安全配送。

无人配送：探索无人机、无人车等新型配送方式，提高配送效率和降低人力成本。

具体实施案例：某城市安装了智能交通系统，通过实时采集交通数据，利用人工智能技术进行分析和预测，为交通信号控制、交通拥堵疏导等提供决策支持。同时，该城市还推动了智慧物流的发展，建立了多个智能物流园区和自动化仓储中心，实现了货物的快速分拣和配送。此外，该城市还率先试点了无人机配送服务，为偏远地区居民提供了便捷的快递服务。

（8）住宿和餐饮业

智慧酒店：通过物联网、人工智能等技术提升酒店服务品质和管理效率。

在线预订与外卖服务：发展在线预订平台和外卖服务，满足消费者多样化的需求。

（9）信息传输、软件和信息技术服务业

云计算与大数据服务：提供云计算、大数据等技术服务，支持各行业数字化转型。

网络安全与数据保护：增强网络安全防护和数据保护能力，保障数字化转型的安全可靠。

（10）金融业

金融科技：运用数字技术推动金融产品和服务创新。

区块链技术：探索区块链技术在支付清算、供应链金融等领域的应用。

（11）房地产业

智能社区与智能家居：建立智能社区和智能家居系统，提升居民生活品质。

房地产数字化营销：利用互联网和大数据技术优化房地产营销策略。

（12）租赁和商务服务业

共享经济与灵活用工：搭建共享经济平台，使用灵活用工模式，提高资源利用效率。

数字化办公：推广数字化办公工具和服务，提升商务服务业的效率和便捷性。

（13）科学研究和技术服务业

科研数字化：运用数字技术提升科研能力和效率。

科技成果转化：建立高效的科技成果转化机制，促进科技成果向现实生产力转化。

（14）水利、环境和公共设施管理业

智能水质监测：通过安装智能传感器和水质监测站，实时监测河流、湖泊、水库及自来水厂的水质状况，及时预警污染事件，保障饮水安全。

智能水网管理：利用物联网和大数据分析，优化水资源配置，实现水资源的精准调度和高效利用，减少浪费。

智慧环保监管：搭建环保监管平台，集成污染源在线监测、环境空气质量监测、噪声监测等多源数据，实现环境污染的全方位、全天候监管。

智慧城管：运用物联网、地理信息系统（GIS）、视频监控等技术，对城市基础设施、市容市貌、环境卫生等进行智能化管理，提升城市管理效率。

智慧交通与停车：通过智能交通信号控制、智能停车诱导系统、公共交通智能调度等手段，缓解城市交通拥堵，提高城市公共交通的出行效率。

智慧公共服务：搭建智慧政务服务平台，实现政务服务事项的在线办理、预约、查询等功能，提升政府服务效能和公众满意度；同时，推动智慧医疗、智慧教育、智慧养老等公共服务领域的数字化转型，提升民生服务水平。

（15）教育

在线教育平台：搭建在线教育平台，提供丰富多样的学习资源，打破地域限制，实现优质教育资源的共享。

智慧校园：利用物联网、大数据等技术建设智慧校园，实现校园管理的智能化、教学过程的数字化、学习环境的个性化。

教育大数据分析：运用大数据技术，对学生学习行为、成绩表现等数据深度挖掘，为个性化教学提供数据支持。

（16）卫生和社会工作

智慧医疗：建立智慧医疗系统，包括电子病历、远程医疗、智能诊断等，提高医疗服务质量和效率。

公共卫生管理：利用大数据和人工智能技术，对传染病疫情、慢性病防控等进行实时监测和预警，提升公共卫生应急管理能力。

智慧养老：推广智慧养老服务模式，运用物联网、可穿戴设备等技术，为老年人提供便捷的健康管理、紧急救助、生活照料等服务。

（17）文化、体育和娱乐业

数字文化产业：发展数字文化产业，包括数字图书、数字音乐、数字影视、网络游戏等，丰富人民群众的精神文化生活。

智慧旅游：运用物联网、大数据等技术，提升旅游服务的智能化水平，包括在线预订、智能导游、景区管理等。

体育赛事直播与互动：通过高清直播、虚拟现实（VR）、增强现实（AR）等技术，提升体育赛事的观赏体验和互动性。

（18）公共管理、社会保障和社会组织

智慧政务：搭建智慧政务平台，实现政务服务事项的在线办理、政务公开、政民互动等功能，提高政府治理现代化水平。

社会保障数字化：推进社会保障体系的数字化建设，包括养老保险、医疗保险、失业保险等的在线查询、申报、支付等功能，方便群众办事。

社会组织信息化管理：加强社会组织信息化管理，建立社会组织信息库，实现社会组织的在线注册、年检、评估等功能，促进社会组织健康发展。

1.2.3.6 产业数字化发展的必然性

在数字经济时代，产业数字化已成为推动经济社会高质量发展的核心引擎，其必要性不言而喻。随着信息技术的飞速发展和互联网的广泛应用，数据已成为新的生产要素和核心资源，深刻改变着社会生产方式、生活方式和治理模式。产业数字化，即将数字技术深度融合于传统产业之中，通过数据的采集、分析与应用，实现产业全链条的智能化改造和升级，是适应数字经济时代发展趋势的必然选择。

一方面，产业数字化有助于提升产业效率和竞争力。通过运用大数据、云计算、人工智能等先进技术，企业能够实现生产流程的精准控制、供应链管理的优化以及市场需求的快速响应，从而降低运营成本，提高生产效率和产品质量。同时，数字化还促进了产业创新，催生了新业态、新模式，为产业转型升级注入了强大动力。

另一方面，产业数字化是构建现代产业体系的重要途径。数字经济与实体经济深度融合，推动了制造业、服务业等传统产业的数字化转型，加速了农业、教育、医疗、文化等各个领域的智能化升级，形成了数字经济与实体经济相互促进、共同发展的良好格局。这不仅有助于提升产业的整体素质和竞争力，还能够促进经济结构优化和产业升级，为经济高质量发展奠定坚实基础。

此外，产业数字化还是提升社会治理能力和公共服务水平的关键手段。通过数字化手段，政府可以更加高效地收集、分析和利用各类数据资源，实现社会治理的精准化、智能化和协同化。同时，数字化还能够推动公共服务体系的创新和完善，提供更加便捷、高效、个性化的公共服务，满足人民日益增长的美好生活需要。

产业数字化是数字经济时代下的必然趋势和必然要求。它不仅能够提升产业效率和竞争力，构建现代产业体系，还能够提升社会治理能力和公共服务水平，为经济社会高质量发展注入新的活力和动力。因此，我们必须把握数字经济时代的历史机遇，加快产业数字化进程，为实现经济社会的全面进步和可持续发展贡献智慧和力量。

1.3 数字人才需求背景

1.3.1 数字产业化人才需求

在数字产业化过程中，对数字人才的需求呈现出多元化、高技能化的特点。随着数字技术的不断创新和应用，数字产业化对数字人才的需求日益迫切。这些需求不仅体现在技术层面，还涵盖了管理、运营、安全等多个方面。

数字产业化是指以数字技术为基础，通过数字化手段对传统产业进行改造升级，形成新的经济形态和产业模式。在这一过程中，对数字人才的需求主要体现在六个方面。

1.3.1.1 技术研发与创新人才

数字产业化高度依赖技术创新，因此对具备深厚技术功底和创新能力的人才需求极大。这些人才需要精通计算机科学、软件工程、人工智能、大数据、云计算、物联网等前沿技术，能够参与技术研发、产品开发和系统集成等工作。他们不仅需要掌握扎实的专业知识，还需要具备跨学科的知识储备，以便在数字产业化的各个子领域之间进行跨界合作和创新。

具体来说，技术研发与创新人才包括软件工程师、人工智能工程师、大数据分析师、云计算架构师、物联网工程师等。这些人才需要具备扎实的编程能力、算法设计能力、数据分析与挖掘能力以及系统架构设计能力。同时，他们还需要不断跟踪技术前沿，了解最新的技术发展动态，以便在技术创新和产品研发中保持领先地位。

1.3.1.2 产品管理与运营人才

随着数字产业化发展，市场对能够理解用户需求、精通产品管理和运营人才的需求不断增加。这些人才需要具备敏锐的市场洞察力，能够准确把握用户需求和市场趋势，制订有效的产品策略和推广计划。同时，他们还需要具备良好的项目管理能力，确保产品从研发到上市的各个环节都能高效运作。

产品管理与运营人才的具体岗位包括产品经理、市场分析师、运营经理、项目管理师等。他们需要与用户紧密沟通，收集用户反馈，不断优化产品功能和用户体验。同时，他们还需要与市场部门、销售部门等协同工作，联合制定市场推广策略，提升产品的市场竞争力。

1.3.1.3 数据安全与合规人才

在数字产业化过程中，数据安全和合规问题日益凸显。随着数据量的爆炸式增长和数据流通的加速，如何保障数据安全、遵守法律法规成为企业面临的重大挑战。因此，企业对具备数据安全和合规知识的专业人才需求十分迫切。

数据安全与合规人才需要掌握网络安全、加密技术、隐私保护等方面的专业知识，能够为企业提供数据安全保障和合规建议。他们还需要关注国内外相关政策法规的变化，及时调整企业的数据安全和合规策略。

数据安全与合规人才的具体岗位包括网络安全工程师、数据安全分析师、合规专员等。这些人才需要具有较强的责任心和敬业精神，确保企业数据的安全性和合规性。

1.3.1.4 用户体验与服务人才

优化用户体验和服务已成为企业提升竞争力的关键。随着用户对产品和服务要求的不断提高，企业需要更加注重用户体验和服务质量。因此，对具有关注用户体验和数字化服务意识的数字人才需求不断增长。

用户体验与服务人才需要具备良好的设计思维和用户研究能力，能够从用户的角度出发，优化产品和服务。同时，他们还需要具备良好的沟通和服务能力，以便与用户建立良好的互动关系。

优化用户体验和服务人才的具体岗位包括用户体验设计师、客户服务经理、数字营销专员等。这些人才需要具有较强的创新和服务意识，不断提升产品和服务的质量与用户满意度。

1.3.1.5 产业链协同与整合人才

数字产业化涉及多个产业和领域，因此需要具备产业链协调和整合能力的人才来推动上、下游企业之间的合作与共赢。这些人才需要具备较强的资源协调和整合能力，能够促进产业链上、下游企业之间的信息共享和资源共享。同时，他们还需要具备一定的政策敏感性和行业洞察力，以便把握政策导向和行业发展趋势，为产业链的协同发展提供有力支持。

产业链协同与整合人才的具体岗位包括产业链分析师、供应链经理、商务拓展专员等。他们需要与不同行业的企业进行沟通和协调，推动产业链上、下游企业的紧密合作和资源共享。同时，他们还需要关注行业动态和政策变化，及时调整企业的战略规划和业务布局。

1.3.1.6 复合型与跨界人才

随着数字技术的不断融合和创新，社会对既懂产业技术又懂数字技术的复合型人才的需求日益增加。这些人才能够在传统产业和数字产业之间架起桥梁，推动两者的深度融合和创新发展。同时，他们还具备跨界合作的能力，能够在不同领域之间寻找合作机会和共赢点。

复合型与跨界人才的具体岗位包括跨界产品经理、数字化转型顾问、融合技术创新专家等。他们需要具备扎实的专业知识和丰富的实践经验，能够在不同领域之间进行跨界合作和创新。同时，他们还需要具备敏锐的市场洞察力和创新思维，不断挖掘新的市场机会和业务增长点。

综上所述，在数字产业化过程中，各行业对数字人才的需求是多方面的、高技能化的。这些需求不仅体现在技术层面，还涵盖了管理、运营、安全、用户体验、产业链协调与整合等多个方面。因此，在构建数字人才培养体系时，高等职业教育专业群需要充分考虑这些需求特征，制订有针对性的人才培养方案和措施。

1.3.2 产业数字化人才需求

在数字经济快速发展的背景下，产业数字化已成为推动传统产业转型升级、提升经济竞争力的关键途径。产业数字化不仅是技术层面的革新，更是一场深刻的经济社会变革。在这一过程中，对高素质、高技能的数字人才需求愈发迫切。本节深入分析产业数字化过程中的人才需求，结合高等职业教育专业群数字人才培养体系的背景，探讨产业数字化对人才培养的影响和挑战。

产业数字化是一个涵盖多个领域的复杂过程，需要多种类型的人才协同合作，共同推动产业的转型升级。产业数字化是指运用数字技术对传统产业进行全方位、全链条的改造升级，提高传统产业的生产效率、管理水平和市场竞争力。在数字经济快速发展的背景下，产业数字化已成为推动传统产业转型升级、提升经济竞争力的关键途径。

在产业数字化过程中，社会对高素质、高技能的数字人才需求愈发迫切。以下对产业数字化过程中的数字人才需求进行深入分析和探讨。

1.3.2.1 技术型人才需求

（1）信息技术专业人才

随着云计算、大数据、人工智能、物联网等新一代信息技术的快速发展，产业数字化对信息技术专业人才的需求持续增长。这些人才需要掌握扎实的计算机科学、软件工程、数据分析等专业知识，具备系统开发、数据处理、优化算法等能力。他们将在数字化平台搭建、数据分析与应用、智能系统研发等方面发挥重要作用。

具体来说，信息技术专业人才需要熟悉各种编程语言、数据库管理系统、数据处理与分析工具等，具备快速学习和掌握新技术的能力。同时，他们还需要具备良好的逻辑思维能力和问题解决能力。在产业数字化过程中，信息技术专业人才将负责数字化平台的架构设计、系统开发与维护、数据处理与分析等工作，为企业的数字化转型提供技术支持和保障。

（2）自动化与智能制造人才

在制造业领域，产业数字化推动了智能制造的快速发展。自动化与智能制造人才成为产业数字化不可或缺的一部分。他们需要具备机械设计、自动控制、机器人技术等方面的专业知识，能够设计、安装、调试和维护智能制造系统，提高生产效率和产品质量。

自动化与智能制造人才需要掌握先进的自动化技术、智能制造装备和制造工艺，熟悉工业自动化控制系统和智能制造系统的运行原理与维护方法。同时，他们还需要具备创新思维和实践能力，能够不断优化生产流程和制造工艺，推动企业的智能制造水平不断提升。在产业数字化过程中，自动化与智能制造人才将负责智能制造系统的规划和建设、生产设备的升级改造以及智能制造技术的应用与推广等工作。

1.3.2.2 管理型人才需求

（1）数字化转型管理人才

产业数字化不仅是技术层面的革新，更需要企业管理层面的深度参与。数字化转型管理人才需要具备战略眼光和全局视野，能够制定并执行数字化转型的战略规划，协调企业内部各部门之间的合作，推动数字化项目的顺利实施。

数字化转型管理人才需要深入了解企业的业务模式和市场需求，结合数字技术的发展趋势和企业的实际情况，制定符合企业实际需求的数字化转型战略规划。同时，他们还需要具备较强的组织协调能力和项目管理能力，能够协调企业内部各部门之间的合作，确保数字化项目的顺利推进。在数字化转型过程中，他们还需要不断关注行业动态和政策变化，及时调整企业的战略规划和业务布局。

（2）数据驱动决策人才

在数字化时代，数据已成为企业决策的重要依据。数据驱动决策人才需要掌握数据分析、数据挖掘、数据可视化等技能，能够运用大数据技术进行业务分析、市场预测和风险评估，为企业决策提供有力的数据支持。

数据驱动决策人才需要熟悉各种数据分析工具和方法，能够熟练掌握数据搜集、清洗、处理和分析的全过程。同时，他们还需要具备较强的业务敏感度和洞察力，能够从数据中挖掘出有价值的信息和洞见。在决策过程中，他们能够运用数据分析结果为企业提供科学合理的决策建议，帮助企业优化业务流程、提升市场竞争力。

1.3.2.3 复合型人才需求

产业数字化还催生了对复合型人才的需求。这类人才既需要具备扎实的专业知识，又需要具备跨领域的综合能力。他们能够在不同领域之间寻找合作机会和共赢点，推动产业数字化的深度融合和创新发展。

复合型人才需要具备跨学科的知识储备和综合素养，能够熟练掌握多种技能。例如，在金融科技领域，既需要懂金融的专业人才，又需要掌握大数据、人工智能等技术的 IT 人才；在智能制造领域，则需要既懂机械又懂电子、自动化的复合型人才。他们能够在不同领域之间架起桥梁，促进不同领域之间的融合和创新。在产业数字化过程中，复合型人才将发挥重要的桥梁和纽带作用，推动传统产业与数字技术的深度融合和协同发展。

1.3.2.4 产业数字化过程中人才需求的具体表现

（1）人才缺口显著

随着产业数字化的快速推进，数字人才的供需矛盾日益突出，特别是高端数字人才，如人工智能专家、大数据分析师、智能制造工程师等，供需缺口巨大。这些人才不仅数量稀缺，而且难以在短期内通过培训等方式快速补充。因此，企业在招聘人才过程中面临较大的难度和挑战。

（2）招聘难度大

由于数字人才的高度稀缺性，企业在招聘人才过程中面临较大的难度。一方面，高端数字人才往往具备较高的职业素养和专业技能，对工作环境和薪酬待遇有着较高的要求；另一方面，高端数字人才在市场上的流动性较大，容易被竞争对手挖走。因此，企业在招聘人才过程中需要采用多种招聘策略和手段来吸引与留住优秀人才。

（3）人才培养周期长

数字人才培养需要较长的周期和系统的教育培养体系。由于数字技术的快速发展和不断迭代更新，数字人才需要不断学习和掌握新的知识与技能。因此，高等教育和职业培训机构需要不断更新教学内容和教学方法，以满足数字技术发展的需求。同时，企业也需要加强内部培训和知识分享机制建设，提高员工的数字技能和素养水平。然而，由于数字技术的复杂性和专业性较强，数字人才的培养周期较长且难度较大。

1.3.2.5 产业数字化对人才培养的影响和挑战

（1）教育体系与产业数字化需求脱节

当前，教育体系与产业数字化需求之间确实存在较为明显的脱节现象。传统的高等教育和职业教育体系往往侧重理论知识的传授，而忽视了对学生实践能力和创新思维的培养。这导致许多毕业生在进入职场后，尽管掌握了扎实的理论基础，但在实际操作和应对复杂问题时显得力不从心，难以迅速适应产业数字化的快速发展。

具体来说，教育体系需要更加紧密地与产业需求相结合，根据产业数字化的发展趋势和企业实际需求，动态调整课程设置和教学内容。一方面，要增加实践教学环节，通过校企合作、实习实训等方式，让学生有更多机会接触实际项目，提升他们的实践能力和问题解决能力；另一方面，要加强跨学科知识的整合与融合，鼓励学生探索不同领域的知识，培养他们的创新思维和跨界合作能力。

此外，教育体系还应注重培养学生的终身学习能力和自我驱动力。在数字化时代，知识和技术更新换代的速度极快，学生只有具备自主学习的能力，才能跟上时代的步伐。因此，教育体系应注重培养学生的信息检索能力、批判性思维能力以及解决问题的能力，帮助他们掌握有效的学习方法和策略。

（2）跨领域融合能力不足

产业数字化要求人才具备跨领域的综合能力，但当前的教育体系在培养跨领域融合能力方面还存在不足。一方面，高等教育专业设置往往过于细分，导致学生难以掌握多个领域的知识和技能；另一方面，课程设置和教学内容缺乏跨领域的整合与融合，难以培养学生的综合能力和跨界合作思维。

为了提升跨领域融合能力，教育体系需要进行相应的改革和创新。首先，学校可以通过设置跨学科课程，鼓励学生参与跨领域的学习和研究。例如，可以开设一些交叉学科的课程，如"金融科技""智能制造"等，让学生在学习过程中接触到不同领域的知识和技能。其次，可以加强跨学科的交流与合作，促进知识的共享与融合。例如，可以组织跨学科研讨会、讲座等活动，邀请不同领域的专家进行交流与分享，拓宽学生的视野和知识面。

（3）创新能力不足

产业数字化是一个不断创新的过程，需要人才具备较强的创新意识和创新能力。然而，当前的教育体系在对学生创新能力培养方面还存在一定的不足。一方面，传统教学模式往往注重知识的传授而忽视了对学生创新思维的培养；另一方面，实践教学环节相对薄弱，学生缺乏将理论知识应用于实际问题的机会和平台。

为了提升对学生创新能力培养的效果，教育体系需要注重以下三个方面的工作：一是改革传统教学模式，采用启发式、探究式等教学方法和手段，激发学生的学习兴趣和探究欲望；二是加强实践教学环节建设，为学生提供更多的实践机会和平台，让他们能够将理论知识应用于实际问题中并不断探索和创新；三是建立健全创新激励机制和评价体系，鼓励学生积极参与创新创业活动并取得实际成果。

产业数字化对人才提出了多元化的需求，尤其是技术、管理和复合型人才。为了培养满足这些需求的人才并推动产业数字化的深入发展，我们需要从教育体系入手进行改革和创新，加强与企业之间的合作和交流，共同培养出符合市场需求的高素质数字人才。

1.3.2.6 应对策略

面对产业数字化过程中的人才需求挑战和教育体系与产业需求的脱节问题，我们需要采取一系列应对策略，以促进数字人才的培养和引进。

（1）加强校企合作，推动产教融合

通过加强学校与企业之间的合作与交流，可以实现资源共享和优势互补，共同推动产教融合发展。学校可以根据企业的实际需求及时调整课程设置和教学内容，提供更具针对性的教育和培训；而企业则可以为学生提供实习实训机会和就业岗位，以帮助他们更好地融入职场并获得实践经验。同时，校企双方还可以共同开展技术研发和创新活动，促进科技成果的转化和应用。

（2）完善人才评价体系和激励机制

建立科学、公正、透明的人才评价体系和激励机制是吸引和留住优秀数字人才的重要保障。政府和企业可以共同制定一套符合市场需求的人才评价标准和方法，对数字人才的能力和贡献进行全面评估并给予相应的奖励。同时，政府和企业还可以通过提供优厚的薪酬待遇、良好的工作环境和发展机会等措施，来吸引更多的优秀数字人才加入产业数字化的行列中来。

（3）推动教育体系改革与创新

为了更好地满足产业数字化的人才需求，我们需要推动教育体系的改革与创新，以适应数字技术的发展趋势和市场需求。具体而言，我们可以从以下三个方面入手：一是加强跨学科教育和综合素质培养，提升学生的跨领域学科能力和创新思维能力；二是加强实践教学环节的建设，为学生提供更多的实践机会和平台；三是建立健全终身学习和自我发展机制，帮助学生不断提升自己的数字技能和素养水平。

（4）关注新兴领域和前沿技术的发展

随着数字技术的不断发展、新兴领域和前沿技术的不断涌现，为数字人才的职业发展提供了更广阔的空间和机遇。因此，我们需要密切关注这些领域和技术的发展趋势，及时了解市场需求和人才短缺情况并有针对性地开展人才培养和引进工作。例如，可以针对人工智能、大数据和云计算等前沿技术领域开展专项培训，以提升相关人才的技能水平和市场竞争力。

产业数字化是推动传统产业转型升级、提升经济竞争力的重要途径，而高素质、高技能的数字人才则是实现这一目标的关键因素之一。面对产业数字化过程中的人才需求，我们需要从多个方面入手，采取加强校企合作、完善人才评价体系和激励机制、推动教育体系改革与创新，以及关注新兴领域和前沿技术的发展等措施，以促进数字人才的培养和引进，为产业数字化的深入发展提供有力的人才保障和支持。同时，我们也需要认识到数字人才培养是一个长期而复杂的过程，需要政府、企业、学校以及社会各界的共同努力和协作才能取得更加显著的成效。

1.4　研究问题的提出

随着数字经济的迅猛发展，数字人才短缺问题日益凸显，成为制约数字经济发展的关键因素之一。为了有效解决这一问题，提升我国数字人才竞争力，支撑数字经济高质量发展，本书基于高等职业教育提出以下研究问题。

1.4.1　如何构建高效的数字人才培养体系

随着《加快数字人才培育支撑数字经济发展行动方案（2024—2026年）》的发布，国家已对数字人才培养提出明确要求和总体布局。然而，如何基于高等职业教育专业群人才培养，将这些政策要求转化为具体、可操作的实施路径，构建一套高效、系统的数字人才培养体系，是当前急需解决的问题。

1.4.2　如何提升数字人才自主创新能力

自主创新能力是数字人才的核心竞争力，直接关系到数字经济高质量发展。然而，当前数字人才在技术创新方面仍存在诸多不足，如原创性不足、技术转化效率低等。

1.4.3　如何促进数字人才与产业发展的深度融合

数字人才与产业发展的深度融合是支撑数字经济高质量发展的必然要求。然而，当前数字人才与产业需求之间存在较大差距，导致人才供需不匹配、数字人才缺口大和人才流失等问题。

1.5　研究价值及意义

"高等职业教育专业群数字人才培养体系研究"这一研究主题，研究价值深远且多维，不仅契合当前国家数字经济发展的重要战略方向，也紧扣了高等职业教育改革的时代主题。在数字经济时代，新一代信息技术的迅猛发展与广泛应用,不仅深刻改变了经济结构和生产方式,也对人才结构提出了全新的要求。数字人才作为推动数字经济高质量发展的核心要素,对其培养体系的研究与构建具有重大的理论价值与实践意义。

首先,本研究有助于深化对高等职业教育与数字经济发展内在关系的理解。数字经济作为一种新的经济形态,正以前所未有的速度改变着世界的面貌。数字经济的发展不仅依赖信息技术的创新与应用,更离不开具备数字素养和技能的人才支撑。高等职业教育作为技能型人才培养的重要基地,其如何适应数字经济时代的要求,培养出符合市场需求的数字人才,是一个亟待解决的问题。本研究通过系统分析数字经济的发展趋势及对人才的需求特征,结合高等职业教育在技能型人才培养中的独特优势,探索适应数字经济时代要求的高等职业教育发展路径。该研究不仅为高等职业教育的发展提供了新的理论视角,也为其在数字经济浪潮中找准定位、发挥作用提供了科学依据。

其次,本研究对构建科学、系统、高效的高等职业教育专业群数字人才培养体系具有重要指导意义。面对数字经济对人才需求越来越多元化、高层次化的趋势,高等职业教育传统的专业设置和人才培养模式已经难以满足市场的需求。因此,打破传统专业的界限,构建跨学科、跨领域的专业群,实现资源共享、优势互补,培养具有综合素养和创新能力的数字人才,成为高等职业教育改革的必然选择。本研究将深入研究这一过程中的关键环节和要素,如课程体系建设、教学方法创新、产教融合模式等,为高等职业教育改革提供可操作的建议和方案。本研究有助于推动高等职业教育专业群数字人才培养体系的科学构建和有效实施,为数字经济发展提供有力的人才保障。

再次,本研究将促进高等职业教育与数字经济产业的深度融合。产教融合、校企合作是高等职业教育与产业发展紧密结合的有效途径。通过加强校企合作、产教融合,推动高等职业教育紧密对接数字经济产业需求,实现人才培养与产业发展需求的无缝对接,不仅可以提高高等职业教育的针对性和实效性,也可以为数字经济产业发展提供强有力的人才支撑和智力保障。本研究将深入探讨产教融合的有效模式和机制,为高等职业教育与数字经济产业的深度融合提供理论指导和实践参考。

最后,本研究还具有重要的社会价值和现实意义。随着数字经济的蓬勃发展,数字人才已经成为推动经济社会发展的重要力量。然而,当前教育体系对数字人才的培养还存在诸多问题和挑战，如培养体系不完善、培养质量不高、与市场需求脱节等。本研究通过系统研究高等职业教育专业群数字人才培养体系的构建与实施，可以为解决这些问题提供有效的思路和方案。同时，本研究还可以为政府、高校、企业等各方提供决策参考和行动指南，推动数字人才培养工作的深入开展，为国家的经济社会发展贡献力量。

综上所述，本研究的价值在于，它不仅能够丰富和发展高等职业教育与数字经济发展关系的理论体系，还能够为构建科学、系统、高效的高等职业教育专业群数字人才培养体系提供实践指导。更重要的是，本研究将推动高等职业教育数字人才培养与数字经济产业的深度融合，为国家的经济社会发展提供有力的人才支撑和智力保障。因此，本研究具有重要的理论价值、实践意义和社会价值，是一项值得深入探究和推进的重要课题。

2 核心概念、研究目标及研究内容

2.1 核心概念

2.1.1 高等职业教育

根据《中华人民共和国职业教育法》的规定，高等职业教育（以下简称"高职教育"）是我国教育体系中的重要组成部分，具有明确的定义和广泛的内涵。

2.1.1.1 定义

高等职业教育是高等教育的一个类型，与普通高等教育并列，但侧重职业性和应用性。它旨在培养具备从事某种职业或实现职业发展所需的职业道德、科学文化、专业知识、技术技能等综合素质和行动能力的高素质技术技能人才。

2.1.1.2 层次划分

高等职业教育已经发展为涵盖多个层次的现代职业教育体系。

专科层次职业教育：这是高等职业教育的基础层次，主要为企业培养高技能型人才，注重实践能力和职业技能的培训。

本科层次职业教育：随着教育改革的深入，本科层次职业教育逐渐成为高等职业教育的重要组成部分。它分为应用型本科和师资型本科，前者注重实践教学环节，后者关注"双师型"教师能力的培养。

研究生层次职业教育（专业学位研究生教育）：这是高层次职业教育，旨在培养更高层次的技术应用型人才，满足社会对高层次技术技能人才的需求。

本书研究的高等职业教育，主要以专科层次和本科层次的职业教育为主。

2.1.2　专业群

专业群是指由一个或多个办学实力强、就业率高的重点建设专业作为核心专业，若干个工程对象相同、技术领域相近或专业学科基础相近的相关专业组成的一个集合。

本书所研究的专业群特指由高等职业教育电子与信息大类计算机类中计算机类的专业所组成的专业群，主要研究的是以大数据技术、软件技术、人工智能技术应用专业为核心构建的大数据智能化技术应用专业群。

2.1.3　数字人才

在数字经济时代，数字人才是一个多元化且关键的群体，他们在推动数字经济和数字化转型进程中发挥着至关重要的作用。

本书所研究的数字人才是指具备信息通信技术（ICT）专业技能和其他复合型技能的人才。他们不仅具备计算机科学、软件工程、大数据、人工智能、网络通信等领域的知识，还具备敏锐的数据思维，能够利用数据分析解决复杂问题。同时，他们也是大数据、"互联网+"、人工智能、智能制造等多个领域发展的"主力军"。

本书所研究的数字人才包括数字产业化人才和产业数字化人才。数字产业化人才和产业数字化人才是数字经济时代不可或缺的两类人才。他们分别在不同的领域发挥着重要作用，共同推动数字经济持续健康发展。随着数字技术的不断进步和应用场景的不断拓展，社会对这两类人才的需求也将持续增长，为数字经济的繁荣注入新的活力。

2.1.3.1　数字产业化人才

数字产业化人才是指在数字经济领域，专注于将数字技术、产品和服务转化为具有市场竞争力的产业形态的人才。他们通常具备深厚的信息与通信技术（ICT）专业技能，包括但不限于软件开发、云计算、大数据分析、人工智能、网络安全等技能。这些人才是推动数字技术创新、促进数字产品与服务不断迭代升级的关键力量。他们不仅关注技术本身的进步，还致力于将技术成果转化为实际的生产力，通过打造数字产业链、建立数字生态系统，推动数字经济持续健康发展。

在数字产业化过程中，数字产业化人才发挥着不可替代的作用。他们通过研发创新，推动数字技术的不断突破，为数字经济发展提供源源不断的动力。同时，他们还具备敏锐的市场洞察力和商业判断力，能够准确把握市场需求，将技术成果转化为符合市场需求的产品和服务。此外，数字产业化人才还注重跨领域融合，积极推动数字技术与其他产业的深度融合，促进传统产业的转型升级和新兴产业的快速发展。

2.1.3.2　产业数字化人才

产业数字化人才是指在传统产业中，运用数字技术提升生产效率、优化业务流程、创新商业模式的人才。他们不仅具备扎实的行业知识和丰富的实践经验，还熟练掌握各种数字技术和工具，如企业资源计划、客户关系管理、智能制造系统等。这些人才是推动传统产业数字化转型、实现产业升级的重要力量。

在产业数字化进程中，产业数字化人才扮演着至关重要的角色。他们通过引入先进的数字技术和管理理念，对传统产业的生产流程、管理模式、营销策略等进行全面改造升级，实现生产效率和产品质量的双重提升。同时，他们还注重数据驱动决策，通过搜集、分析大量业务数据，为企业的战略规划和日常运营提供科学依据。此外，产业数字化人才还积极探索新的商业模式和盈利点，推动企业在数字化时代保持竞争力和可持续发展能力。

2.1.4　数字人才培养体系

本书所研究的数字人才培养体系是指以市场需求为导向，结合高等职业院校专业群建设的优势，构建旨在培养具备数字技能、创新思维和跨领域融合能力的高素质技术技能型人才的系统性教育模式。该体系通过整合和优化教育资源，构建符合数字经济时代要求的课程体系、教学模式、实践教学平台及质量评价体系，以实现人才培养与产业需求的紧密对接和动态调整。

2.2　研究目标

在当前数字化转型的浪潮中，高等职业教育作为培养高技能人才的重要阵地，面临前所未有的机遇与挑战。为了积极响应国家创新驱动发展战略，深化产教融合、校企合作，本研究旨在以专业群为载体，构建一套科学、系统且高效的高等职业教育专业群数字人才培养体系，培养既掌握扎实专业基础，又具备较强数字技能与创新能力的复合型人才，为数字经济社会发展提供坚实的人才支撑。本研究的具体目标包括研究政策背景和产业背景，明确数字人才市场需求与培养定位、构建生态专业群及专业群协同培养机制、构建专业群数字人才培养体系，通过系统性的探索与实践，形成一套适应数字时代需求的高等职业教育专业群数字人才培养体系，通过培养数字人才，为我国数字经济发展贡献高质量的智力资源。

2.3　研究内容

本书的研究从数字人才培养国家政策背景、高等职业教育政策背景出发，深度剖析信创产业背景、数字化产业化及产业数字化背景，总体分析数字产业化、产业数字化人才需求及企业数字化转型、教育数字化转型，最后通过研究与实践构建数字化人才培养体系，形成研究结论。具体研究内容如下：

2.3.1　政策背景、产业背景及人才需求

本书立足国家层面对数字人才培养的政策导向，深入分析《加快数字人才培育支撑数字经济发展行动方案（2024—2026 年）》等政策文件，明确在数字经济时代下人才培养的战略定位和具体要求。同时，紧密结合信创产业的蓬勃发展、数字产业化及产业数字化的深刻变革，探讨这些趋势对高等职业教育提出的新挑战与机遇。本书通过对数字经济领域内人才需求结构、数量及质量的深入剖析，为构建适应产业需求的高等职业教育专业群数字人才培养体系奠定坚实的现实基础。

2.3.2　数字化转型研究

本书聚焦企业数字化转型与教育数字化转型两大核心领域。在企业数字化转型方面，重点分析企业如何通过技术革新、流程再造、组织变革等方式实现业务的全面数字化升级，以及分析企业在数字化升级过程中对新型数字人才的需求变化。在教育向数字化转型方面，则侧重探讨高等职业教育如何响应时代需求，通过教育理念、教学模式、教学资源等方面的创新，培养既具备扎实专业技能又具备良好信息素养的复合型人才。这两方面的数字化转型相互支撑，共同推动了数字人才培养体系的构建与完善。

2.3.3　高等职业教育专业群构建研究

本书深入探讨了高等职业教育专业群的构建问题，从专业群建设的基础条件出发，分析各专业的内在联系与互补优势，即如何根据数字经济产业发展趋势和市场需求，将相关的专业进行合理组合，形成具有竞争力的专业集群。在建设目标上，力求实现专业群与产业链、创新链的有效对接，提升高等职业教育服务地方经济社会发展的能力。在建设内容与举措方面，涵盖课程体系优化、教学资源整合、师资队伍建设、实践教学平台建设等多个方面，确保专业群建设的全面性和系统性。同时，我们需要关注建设成效的评估与反馈，关注建设进度的合理规划与经费预算的有效管理，为专业群的可持续发展提供有力保障。

2.3.4　构建专业群数字人才培养体系研究

在数字人才培养体系的研究中，本书秉持以学生为中心、能力为导向的数字化教育理念，明确数字人才培养的定位与目标。本书通过深入分析数字人才培养的构成要素，如课程体系、教学资源、教学方法、评价体系等，搭建一个科学合理的数字人才培养体系框架。同时，直面当前数字人才培养中存在的关键问题，如实践环境缺乏有效实施路径、专业融合缺乏有效建设路径、数字化育人手段缺乏有效实施路径等，提出有针对性的解决方案与改进措施。在教学改革与实践方面，鼓励教学创新，探索符合数字时代特点的教学模式和方法，激发学生的学习兴趣，培养其解决复杂问题的能力，通过实证研究，形成可借鉴、可参考的专业群数字人才培养体系。

2.3.5　建立数字人才培养体系质量评价标准

本书为确保所构建的数字人才培养体系能够持续、有效地运行并达到预期目标，提出了一套全面的质量评价标准。该标准涵盖实施路径的有效性评价，旨在评估各项政策措施和改革举措的执行情况及成效；产教融合平台建设的深化程度评价，关注校企合作、产学研融合等关键环节的进展情况；培养模式的实施效果评价，通过对学生能力、就业质量、社会满意度等多方面的综合考量来检验培养模式的实际效果；教育改革的推进程度评价，评估高等职业教育在数字人才培养方面的整体改革进程和成效；创新性和适应性评价，强调数字人才培养体系应具备的创新能力和对市场变化的快速适应能力。通过实施这套标准，可以实现对数字人才培养体系的持续监测与改进，确保其始终保持高效、高质的发展态势。

3 数字化转型研究

3.1 企业数字化转型研究

3.1.1 企业数字化转型的背景

随着科技的迅猛发展，人类社会已经迈入数字化时代。在经历了原始社会、农业社会和工业社会的漫长历程后，数据如今已成为一种全新的生产要素，人工智能成为重要的生产方式。这一根本性的转变对全球科技创新版图、产业格局以及经济走向产生了深刻且长远的影响。自 21 世纪以来，全球科技创新的步伐日益加快，自动化、数字化、网络化以及新技术、新产业、新模式和新业态层出不穷，它们共同推动着全球经济向数字化不断迈进。

全球新型冠状病毒感染疫情的暴发，更是让企业深刻体会到了数字化、智能化对于自身生存与发展的至关重要性。数字化转型不仅是一场技术上的革新，更是企业战略层面上的必然选择。在这一时代背景下，我国也将数字经济发展提升到了国家战略的高度。自 2017 年将数字经济明确写入政府工作报告以来，国家相继出台了一系列相关政策，旨在打造数字经济的新优势，充分发挥数据作为创新引擎的作用，积极推进数字产业化和产业数字化的进程，以全面推动数字经济的发展与转型，助力企业在新的时代背景下实现跨越式的成长与变革。

3.1.2 企业数字化转型的目标

企业数字化转型的目标多样且复杂，它不仅是一个技术层面的革新，更是一个涉及企业战略、组织架构、运营模式以及市场定位等多方面的深刻变革。总体来说，企业数字化转型的目标可以归结为以下几个方面，每一个方面都蕴含着丰富的内涵和深远的意义。

3.1.2.1 捕获增长，提升价值：数字化转型的核心驱动力

麦肯锡咨询公司曾经明确指出，数字化转型的长期目标是捕获增长，提升价值。这不仅是一个口号，更是企业数字化转型的核心驱动力。在数字化时代，企业面临前所未有的市场机遇和挑战。通过数字化技术，企业可以更加精准地把握市场需求，优化产品和服务，从而提升业务效率和盈利能力。这种增长不仅是短期的利润提升，更是长期的、可持续的价值提升。它要求企业在数字化转型过程中，不断审视自身的业务模式、市场定位以及价值创造，确保数字化转型的方向与企业的长期发展战略保持一致。

3.1.2.2 提升运营效率：数字化转型的基石

提高运营效率是许多企业数字化转型的首要目标。在传统业务模式中，企业往往面临研发周期长、生产成本高、供应链管理复杂等一系列问题。而通过数字化技术，企业可以提升研发、生产、供应链、渠道和服务等各个环节的运营效率，实现业务流程的自动化和智能化。数字化转型不仅可以降低企业运营成本，还可以提升企业的精细化管理水平。例如，企业通过数字化技术，可以实现实时监控生产过程中的各种数据，及时发现并解决潜在问题，从而确保生产过程的稳定性和高效性。同时，企业通过数字化技术，还可以更高效地管理供应链，降低库存成本，提高物流效率。

3.1.2.3 智能决策：数字化转型的智慧引擎

数据驱动的智能决策是企业数字化转型的重要目标之一。在数字化时代，数据已经成为企业最重要的资产之一。企业通过搜集、分析和利用数据，可以更加准确地预测市场趋势、评估风险和找到增长机会。这种基于数据的智能决策不仅可以提高企业对市场的反应速度，还可以帮助企业做出更加明智且有针对性的决策。例如，企业通过数据分析，可以发现客户的潜在需求，从而提前调整产品和服务策略，满足市场的变化。同时，企业通过数据还可以评估不同市场策略的效果，从而优化营销策略，提高市场占有率。

3.1.2.4 提升客户价值：数字化转型的市场导向

在数字化时代，客户体验已经成为企业竞争的重要方面。企业通过提高客户体验感和满意度，可以提高客户保持率，进而增加营利性收入增

长。数字化技术为企业提供了更加便捷、更加个性化的服务方式。例如，企业通过社交媒体、移动应用等渠道，可以与客户建立更加紧密的联系，及时了解并响应客户的需求和反馈。同时，数字化技术还可以帮助企业实现产品和服务的定制化，满足客户的个性化需求，从而提升客户的忠诚度和满意度。

3.1.2.5 创造新业务和模式：数字化转型的创新动力

数字化转型推动企业探索新的业务模式和产品。在传统业务模式中，企业往往受到资源、技术、市场等多方面的限制，难以实现快速的创新和变革。通过数字化转型，企业可以利用数据资产的不断生成和利用，形成新的竞争优势和增长点。例如，企业通过数据分析，可以发现新的市场需求和趋势，从而开发出全新的产品和服务。同时，企业通过数字化技术还可以实现跨领域合作和资源共享，从而拓展新的业务领域和市场空间。这种基于数字化转型的创新动力，不仅可以为企业带来新的增长点，还可以推动整个行业的变革和发展。

综上所述，企业数字化转型的目标是一个多维度、多层次的体系。它不仅涉及技术层面的革新和升级，更涉及企业战略、组织架构、运营模式以及市场定位等方面的深刻变革。在这个过程中，企业需要不断审视自身的业务模式和价值主张，确保数字化转型的方向与企业的长期发展战略保持一致。同时，企业还需要积极适应变化、勇于创新、不断探索新的业务模式和增长点，才能在数字化时代中立于不败之地。

3.1.3 企业数字化转型的具体做法

企业数字化转型是一个全面、深入、系统的过程，涉及技术、组织、战略等多个层面。以下是一些具体的做法：

制定清晰的战略。企业需要制订明确的数字化转型战略，明确转型的目标、重点和路线图，并将其纳入整体发展战略中。

加强技术支撑。数字化转型需要依赖先进的技术，如大数据、云计算、人工智能等。企业需要加大技术投入力度，提升数据处理和分析能力，实现业务流程的自动化和优化。

优化组织架构。数字化转型需要企业具备灵活的组织结构和高效的管理机制。企业需要打破传统的组织壁垒，推动跨部门、跨层级的协作和创新，建立适应数字化时代的敏捷组织。

加强人才培养。数字化转型需要专业的技术人才和管理人才的支持。企业需要加强人才培养和引进，通过培训、晋升、激励等方式提升员工的数字化素养和技能水平。

推进业务数字化。企业需要对研发设计、生产制造、仓储物流等业务环节进行数字化转型，实现产品全生命周期管理并提供基于数字化产品的增值服务。

加强数据安全保护。数据安全是数字化转型中的重要挑战。企业需要采取有效的措施保护数据安全，如加强员工的安全意识教育、采取加密技术、建立完善的数据备份和恢复机制等。

3.1.4 企业数字化转型的机遇和挑战

3.1.4.1 企业数字化转型的机遇

技术创新。新一代信息技术的快速发展为企业数字化转型提供了强大的技术支撑，如大数据、云计算、人工智能等技术的应用，帮助企业实现更高效、更智能的运营。

市场需求。随着消费者需求的多样化和个性化，数字化转型使企业能够实时搜集和分析客户数据，提供更加个性化的产品和服务，提升客户满意度和忠诚度。

政策支持。政府对企业数字化转型提供支持和引导，如提供税收优惠、资金扶持等政策，降低了企业数字化转型的成本和风险，积极推动企业数字化转型。

3.1.4.2 企业数字化转型面临的挑战

技术难题。企业数字化转型需要依赖各种先进的技术，这些技术本身复杂且需要与企业现有系统进行融合，对企业的技术能力和团队能力提出了很高的要求。

数据安全。企业数字化转型涉及对大量数据的采集、存储、处理和应用，如果数据泄露或被黑客攻击，将给企业带来极大的损失。

组织变革。企业数字化转型不仅是技术的变革，更是组织、文化和战略的变革。企业需要打破传统的组织结构和管理模式，建立更加扁平化、灵活和高效的运营体系。

资金投入。企业数字化转型需要大量的资金投入，包括技术升级、人才引进、组织变革等方面。这对一些中小企业来说可能是一个沉重的负担。

3.1.5 企业数字化转型下的大数据湖构建蓝图与实施策略

3.1.5.1 大数据湖构建蓝图

在数字化转型的浪潮中，大数据湖是企业数字化转型中的重要组成部分。大数据湖作为数据管理的核心组件，其构建蓝图需全面考虑对数据的采集、存储、处理、分析及应用等各个环节。以下是大数据湖构建的蓝图概述。

（1）数据集成与汇聚

统一数据接入。建立标准化的数据接入规范，确保各类结构化、半结构化和非结构化数据能够顺畅、高效地进入大数据湖。

数据清洗与转换。对入湖数据进行清洗，去除重复、错误或无效数据，并进行必要的格式转换，确保数据的一致性和准确性。

数据质量监控。建立数据质量管理体系，实时监控数据质量，确保数据的完整性、准确性和时效性。

（2）数据存储与管理

分布式存储架构。采用 Hadoop、Spark 等分布式存储和计算框架，建立可扩展、高可用性的数据存储系统，以支持海量数据的存储和访问。

数据分级与分类。根据数据的重要性和敏感性，对数据进行分级和分类管理，确保数据的安全性和合规性。

元数据管理。建立元数据管理系统，记录数据的来源、结构、质量等信息，便于数据的查询、理解和使用。

（3）数据处理与分析

数据预处理。对原始数据进行必要的预处理，如数据抽样、数据变换等，以支持后续的数据分析和挖掘工作。

数据挖掘与建模。利用数据挖掘算法和机器学习模型，对数据进行深入分析和挖掘，发现数据中的规律和趋势。

可视化分析。提供丰富的数据可视化工具，帮助用户直观地理解数据，快速洞察业务问题。

（4）数据服务与共享

数据服务接口。提供统一的数据服务接口，支持数据的查询、订阅和推送等操作，满足不同用户的数据需求。

数据共享机制。建立数据共享机制，促进跨部门、跨组织的数据共享和协作，提升数据的使用价值和效率。

3.1.5.2 实施策略

为确保大数据湖项目的顺利实施和持续运营，企业需制定以下实施策略。

（1）明确目标与需求

在项目启动前，需明确大数据湖项目的目标和需求，包括数据管理的痛点、业务应用场景等。

与业务部门紧密合作，确保大数据湖的建设能够切实解决业务问题，提升业务价值。

（2）制定详细规划

制定详细的项目规划，包括项目时间表、里程碑、资源分配等。

明确各阶段的任务和责任人，确保项目按计划有序推进。

（3）组建专业团队

组建由数据工程师、数据科学家、业务分析师等组成的专业团队，负责大数据湖的建设和运营工作。定期对团队进行培训和技能提升，确保团队成员能够掌握最新的技术和方法。

（4）技术选型与评估

根据企业实际情况和业务需求，选择合适的技术平台和工具进行大数据湖的建设。实施人员需要对技术平台和工具进行充分评估，确保其能够满足项目的需求和未来的扩展性。

（5）逐步实施与迭代

采用逐步实施的方式，先从核心业务领域开始建设大数据湖，并逐步扩展到其他领域。

在实施过程中，注重收集用户反馈和需求变化，及时调整项目计划和实施方案。定期对大数据湖的性能和效果进行评估与优化，确保其能够持续为企业创造价值。

（6）确保数据安全与合规

建立完善的数据安全体系和管理制度，确保大数据湖中的数据不会被非法访问和泄露。遵守相关法律法规和行业规范，确保大数据湖的建设和运营符合数据安全和隐私保护的要求。

（7）推进数据文化建设

在企业内部推进数据文化的建设，增强员工的数据意识。鼓励员工积极利用数据进行决策和创新，将数据作为企业的核心资产来管理和利用。

通过上述蓝图与实施策略的制定和实施，企业可以建立一个高效、可靠、安全的大数据湖系统，为数字化转型提供有力的数据支撑和决策支持。

3.2 教育数字化转型研究

3.2.1 教育数字化转型的背景

在中国，教育数字化转型的浪潮是伴随信息技术的飞速发展和国家战略的深入实施而兴起的。自改革开放以来，中国经济快速发展，对高素质人才的需求日益增长，传统教育模式逐渐显露出其局限性。进入21世纪，特别是近十年来，随着"互联网+"、大数据、云计算、人工智能等新一代信息技术被广泛应用，中国教育迎来了前所未有的变革机遇。

3.2.1.1 政策引领与战略部署

中国政府高度重视教育数字化转型，将其视为提升国家竞争力、实现教育现代化的重要途径。近年来，国家相继出台了一系列政策文件，如《教育信息化2.0行动计划》《中国教育现代化2035》等，明确提出了加快教育现代化、建设教育强国的战略目标，并将教育信息化作为支撑和引领教育现代化的重要力量。这些政策文件，为教育向数字化转型提供了强有力的政策保障和战略指引。

3.2.1.2 新一代信息技术的快速发展

新一代信息技术的快速发展为教育数字化转型提供了坚实的技术基础。随着移动互联网、物联网、大数据、云计算等技术的普及和应用，教育资源的获取、传播和共享变得更加便捷高效。同时，人工智能技术的兴起更是为教育个性化、智能化提供了可能。这些技术的融合应用，不仅改变了传统的教学方式和学习模式，还催生了新的教育形态和业态。

3.2.1.3 社会需求与人才培养

在全球化、信息化、智能化的时代背景下，社会对人才的需求发生了深刻变化。企业不仅关注应聘者的学历背景，还看重应聘者的创新能力、实践能力和综合素质。因此，高等职业教育作为培养高素质技术技能人才的重要阵地，必须加快数字化转型的步伐，以适应社会对人才的需求变化。通过数字化手段优化教学流程、提升教学质量、促进教育公平，为经济社会发展提供有力的人才支撑。

3.2.1.4　教育公平与质量提升

教育公平和质量提升是中国教育数字化转型的重要目标。长期以来，受地域、经济等因素的限制，我国教育资源分布不均的问题较为突出。数字化转型通过打破时空限制、提供多样化的学习资源和学习方式，为广大学生提供了更加公平的学习机会。同时，利用大数据和人工智能技术实现个性化教学、精准管理等目标，也有助于提升教育质量和效率。

3.2.2　教育数字化转型的目标

构建智慧教育生态：推动高等职业教育全要素、全流程、全业务和全领域的数字化转型，形成智慧教育发展新生态。通过数字化手段优化教学流程、提升教学质量、促进教育公平和可持续发展。

提升教育质量与效率：利用大数据和人工智能技术实现个性化教学、精准管理等目标，提高教育质量和效率。通过数据分析发现学生的学习特点和需求，为教师提供精准的教学反馈和决策支持；通过智能化管理手段优化资源配置和流程管理，降低管理成本和提高管理效率。

培养创新型人才：适应数字经济时代的需求变化，注重学生数字素养和创新能力的培养。通过引入数字化教学工具和方法、开展创新实践活动等方式提高学生的创新思维能力和实践能力；通过与企业合作共建实训基地和研发中心等方式培养学生的实践能力和职业素养。

促进教育公平：打破地域、经济等因素对教育资源获取的限制，为广大学生提供更加公平的学习机会。通过搭建数字化学习平台、推广在线教育等方式扩大优质教育资源的覆盖面；通过实施精准帮扶政策等方式帮助贫困地区和弱势群体学生获得更好的教育机会。

3.2.3　教育数字化转型的具体做法

搭建数字化教学平台：搭建集在线教学、资源共享、学习交流等功能于一体的数字化教学平台。通过该平台提供丰富多样的教学资源和学习工具；通过在线教学实现师生之间的实时互动和远程协作；通过学习交流促进学生之间的思想碰撞和知识共享。

推广混合式学习模式：结合线上和线下教学的优势推广混合式学习模式。通过线上教学提供灵活多样的学习方式和时间安排，通过线下教学加强师生互动和实践操作，通过混合式学习模式实现线上和线下教学模式的优势互补。

利用大数据和人工智能技术：利用大数据和人工智能技术搜集和分析学生的学习数据与行为数据；通过数据分析发现学生的学习特点和需求；为教师提供精准的教学反馈和决策支持；通过人工智能技术辅助批改作业、管理课堂等以减轻教师负担并提高工作效率。

加强教师培训与能力提升：加强教师培训和能力提升工作，提高教师运用数字化教学工具的能力和水平。通过组织专题培训、开展教学研讨等方式，帮助教师掌握数字化教学工具和方法；通过实践锻炼和经验分享等方式，提高教师的数字化教学能力和水平。

推动校企合作与产教融合：推动校企合作与产教融合工作，促进教育与产业的深度融合。通过与企业合作共建实训基地和研发中心等方式，为学生提供更加贴近实际的学习环境和机会；通过与企业合作开展科研项目和技术创新等方式培养学生的实践能力和职业素养；通过校企合作实现资源共享和优势互补共同推动教育数字化转型的深入发展。

3.2.4　教育数字化转型的机遇和挑战

3.2.4.1　教育数字化转型的机遇

政策支持与资金投入：中国政府高度重视教育向数字化转型并提供了强有力的政策支持和资金投入。这为高等职业教育向数字化转型提供了坚实的后盾和广阔的发展空间。

技术创新的驱动力：随着大数据、云计算、人工智能等技术的不断创新和成熟，为教育数字化转型提供了强大的技术支撑。这些技术的应用不仅能够优化教学流程，提升教学质量，还能够实现教育资源的合理配置和高效利用。

市场需求与产业升级：随着中国经济结构的调整和产业升级的加速，社会对高素质技术技能人才的需求日益增长。高等职业教育向数字化转型能够更好地适应市场需求变化，培养符合产业发展需要的人才，为经济社会发展提供有力的人才保障。

国际交流与合作：在全球化背景下，国际教育交流与合作日益频繁。中国高等职业教育向数字化转型可以借鉴国际先进经验和技术，加强与国际教育机构的合作与交流，提升我国高等职业教育的国际竞争力和影响力。

3.2.4.2 教育数字化转型面临的挑战

数字鸿沟问题：尽管中国政府致力于推动教育公平，但数字鸿沟问题仍然存在。不同地区、不同学校之间的数字化水平差异较大，导致教育资源的分配不均。如何缩小数字鸿沟，实现教育资源的合理配置，是高等职业教育向数字化转型面临的重要挑战。

教师数字素养提升：教师是教育数字化转型的关键力量。然而，许多教师的数字素养还有待提升。他们可能缺乏必要的数字化教学技能和工具应用能力，难以充分发挥数字化教学的优势。因此，加强教师培训和能力提升工作，提高教师的数字素养和创新能力，是高等职业教育向数字化转型的重要任务。

数据安全与隐私保护：在数字化转型过程中，数据安全与隐私保护问题日益凸显。教育数据涉及学生的个人信息和隐私，一旦泄露或被滥用，将对学生造成不可估量的损失。因此，加强数据安全管理和隐私保护工作，建立健全数据安全保护机制，是高等职业教育数字化转型必须面对的重要问题。

教育评价体系改革：传统教育评价体系往往以考试成绩为主要依据，难以全面反映学生的综合素质和能力。在数字化转型背景下，需要建立更加科学、全面、多元的教育评价体系，以更好地适应个性化教学和精准管理的需求。这需要对现有的教育评价体系进行深刻反思和改革，探索新的评价方法和标准。

3.2.5 教育数字化转型下的大数据湖构建蓝图与实施策略

3.2.5.1 构建蓝图

大数据湖作为教育数字化转型的重要基础设施之一，其构建蓝图应涵盖四个方面。

数据整合与标准化：首先需要对来自不同渠道、不同格式的教育数据进行整合和标准化处理。通过数据清洗、转换和映射等步骤，将分散在各个系统中的数据统一整合到大数据湖中，并确保数据的准确性和一致性。

数据存储与管理：在大数据湖中建立高效、可扩展的数据存储和管理系统。采用分布式存储和并行处理技术，提高数据存储和处理的性能；通过数据分类、索引和压缩等策略优化数据存储结构；通过数据备份和容灾恢复机制保障数据的安全性和可靠性。

数据分析与挖掘：利用大数据分析和挖掘技术对大数据湖中的数据进行深度分析和挖掘。通过构建数据分析模型和算法，发现数据之间的关联性和规律性；通过可视化技术将数据分析结果以图表、报告等形式呈现给决策者和管理者；通过机器学习等人工智能技术实现数据的自动分析和预测。

数据应用与服务：将数据分析结果应用于教学实践和管理决策中。通过个性化教学系统为学生提供个性化的学习资源和路径，通过精准管理系统为管理者提供实时的数据支持和决策依据，通过数据共享和开放平台促进教育资源的共享与合作。

3.2.5.2　实施策略

制定详细规划：根据学校实际情况和发展需求制定详细的大数据湖建设规划。明确建设目标、任务和时间表；确定数据整合范围和标准；拟定数据存储和管理方案；设计数据分析模型和算法，等等。

加强技术选型与研发：选择成熟可靠的技术平台和工具进行大数据湖建设；开展技术研发和创新工作，提高数据处理和分析的效率与准确性；积极引进和借鉴国际先进技术与管理经验。

加强人才培养与团队建设：加强大数据相关人才的培养和引进工作；建立专业的数据分析和挖掘团队；加强团队内部的知识分享和经验交流；提高团队成员的综合素质和创新能力。

强化数据安全与隐私保护：建立健全数据安全保护机制；加强数据访问控制和权限管理；采用加密技术和安全协议保障数据传输与存储的安全性；开展数据备份和容灾恢复工作；定期开展数据安全风险评估和漏洞扫描等工作。

推动跨部门协作与资源共享：加强学校内部各部门之间的协作与沟通；推动跨部门数据共享和资源整合；建立跨部门协作机制和平台；促进教育资源的优化配置和高效利用。

综上所述，中国教育数字化转型的时代背景为高等职业教育提供了前所未有的发展机遇和挑战。通过制定详细规划、加强技术选型与研发、注重人才培养与团队建设、强化数据安全与隐私保护以及推动跨部门协作与资源共享等措施的实施，可以推动高等职业教育数字化转型的深入发展，为培养更多高素质技术技能人才、促进经济社会发展做出更大贡献。

3.3　高等职业教育数字化发展研究

本节通过对我国高等职业教育数字化转型的进展、特色及挑战进行全面梳理与分析，明确政策导向与实践行动之间的差距，旨在为高等职业教育向数字化转型政策的制定与实践方案的研发提供有力依据。同时，本节深入分析职业教育数字化的最新态势与改革成效，为高等职业院校、教师及学生等各行动主体及时调整和优化职业教育数字化实践提供参考。此外，本节系统探讨高等职业院校在推进数字化转型过程中遭遇的困难与实际需求，为研究者把握高等职业教育数字化发展方向，并为高等职业教育数字化实践服务提供有价值的参考，进而全面支撑"高等职业教育专业群数字人才培养体系"的研究与实践，推动教育数字化实施手段的创新发展。

3.3.1　高等职业教育数字化学习的研究

3.3.1.1　高等职业教育数字化学习的背景与意义

在信息时代的浪潮下，信息技术的飞速发展不仅深刻改变了我们的生活方式，也极大地推动了教育领域的变革。高等职业教育作为教育体系中的重要组成部分，承担着培养高素质技术技能人才的重任。随着企业对技能型人才需求的日益增长，高等职业教育必须不断创新教学方法，提升教学质量，以满足行业发展的需求。而数字化教学作为一种新兴的教学模式，正逐渐成为高等职业教育改革的重要方向。

数字化教学，顾名思义，是指利用数字技术进行的教学活动和学习过程。它借助互联网、多媒体、虚拟现实等先进技术，将学习资源、学习工具和学习环境数字化，为学习者提供更加灵活、便捷、个性化的学习体验。在职业教育领域，数字化教学不仅能够丰富教学手段，提高教学效率，还能更好地模拟真实工作环境，帮助学生在实践中掌握技能，增强职业竞争力。

3.3.1.2　数字化设备、工具及资源在职业教育中的应用

数字化设备、工具及资源在职业教育中的应用日益广泛，这些技术的引入极大地丰富了教学手段，提升了教学效果。

（1）数字化设备的应用

多媒体教学设备：电子白板、投影仪、触摸屏等多媒体教学设备已成为课堂教学的标配。这些设备通过直观、动态的演示方式，将抽象的概念具体化、形象化，提高了学生的学习兴趣和理解能力。例如，在机械工程课程中，教师可以通过电子白板展示机械零件的构造和工作原理，使学生更直观地理解复杂的机械结构。

虚拟仿真实训软件：虚拟仿真实训软件是职业教育领域的一大亮点。这类软件能够模拟真实的工作环境，让学生在虚拟环境中进行技能训练。例如，在医护专业中，学生可以通过虚拟仿真实训软件进行护理操作练习，包括静脉注射、伤口处理等，从而提高实际操作的准确性和熟练度。

人工智能辅助教学系统：人工智能技术的引入为职业教育带来了更多可能性。通过开发人工智能辅助教学系统，可以实现对学生个性化教学资源的推荐、学习进度的跟踪以及学习效果的评估等功能。这些系统能够根据学生的学习习惯和能力提供个性化的学习方案，帮助学生更高效地学习。

（2）数字化资源的应用

高等职业院校通过建立数字化教学资源库，整合了丰富的学习资源。这些资源包括电子书籍、教学视频、在线课程、模拟题库等，覆盖了高等职业教育的各个领域。学生可以根据自己的学习需求和兴趣选择合适的资源进行学习。同时，这些资源还可以通过网络平台进行共享和传播，促进了优质教育资源的合理分配。

例如，在汽车维修专业中，学校可以建设包含各种车型维修手册、故障案例分析、在线维修课程等资源的数字化教学资源库。学生可以通过网络平台随时访问这些资源进行学习和实践操作。

3.3.1.3　数字技术对学生学习的支持作用

数字技术通过多种方式支持学生的学习，使其在知识掌握、技能提升和自主学习能力等方面取得显著进步。

（1）模拟真实工作环境

数字技术能够高度模拟真实的工作环境，使学生在虚拟环境中进行技能训练和实操演练。这种模拟训练不仅降低了实际操作的风险和成本，还提高了学生的实践能力和应对复杂情况的能力。例如，在航空维修专业中，学生可以通过虚拟仿真实训软件进行飞机发动机的拆卸和组装练习，从而掌握这一高难度技能。

（2）提供个性化学习路径和资源

数字技术通过智能推荐系统和学习分析技术为学生提供个性化的学习路径与资源。智能推荐系统可以根据学生的学习进度、兴趣和能力水平推荐合适的学习资源与学习活动。同时，通过学习平台记录学生的学习数据与分析学生的学习模式可以发现学生潜在的学习问题和改进空间。这种个性化的学习方式有助于激发学生的学习兴趣从而提高学习效果。

（3）辅助教师进行精准教学

数字技术还能够帮助教师进行精准教学。教师通过学习平台搜集的学生学习数据，可以了解学生的知识掌握情况和技能发展水平进而调整教学策略与方法。例如，教师通过在线测试和作业反馈系统，可以及时发现学生的学习难点和薄弱环节并进行有针对性的辅导与强化训练。

3.3.1.4 学生数字化教学中存在的问题与挑战

尽管数字化教学在高等职业教育中取得了显著成效，但仍存在一些问题和挑战需要关注和解决。

（1）新型数字技术应用能力不足

部分学生对于新型数字技术的应用能力有待提高。由于数字技术更新迅速且操作复杂，部分学生难以迅速掌握和应用这些技术导致学习效果不佳。因此，学校需要加强对学生数字化技能的培训，提高其应用能力以适应快速变化的技术环境。

（2）对数字技术模拟真实工作环境的满意度不高

尽管数字技术能够模拟真实工作环境但与现实环境仍存在差距。部分学生对于数字技术模拟的环境真实性、互动性和反馈及时性等方面存在不满影响了学习效果。因此，学校需要不断改进和完善数字技术提高模拟环境的真实感与互动性以满足学生的学习需求。

（3）数字化学习资源适配性和丰富性不足

目前，部分数字化教学资源与实际教学需求不完全匹配无法满足学生的个性化学习需求。同时，优质的数字化教学资源相对匮乏限制了学生的学习选择和发展空间。因此，学校需要加大投入力度，建设更加丰富和适配实际教学需求的数字化教学资源库以满足学生的多样化学习需求。

3.3.1.5 提升高等职业教育数字化学习的策略

为了提升高等职业教育数字化学习的效果可以采取四种策略。

（1）加强学生数字化技能培训

通过开展专题讲座、工作坊等活动提高学生的数字化应用能力。同时，可以将数字化技能纳入课程考核体系激励学生积极参与学习和实践。此外，还可以组织学生参加各类数字化技能竞赛以检验和提升其应用能力。

（2）完善数字化教学资源库

鼓励教师和学生积极完善数字化教学资源度。学校可以建立资源共享机制促进不同学校和专业之间的资源交流和共享，同时加强与企业的合作引入更多实际工作中的案例和数据使教学资源更加贴近实际需求。此外，学校还可以利用大数据和人工智能技术，对学习资源进行智能推荐和个性化推送以满足学生的个性化学习需求。

（3）提升数字技术模拟能力和适配性

通过不断优化算法和模型以提高虚拟仿真环境的真实感与互动性。同时，关注学生的学习反馈和需求变化及时调整和优化教学策略与资源内容。例如，可以通过引入更先进的传感器技术和人工智能技术，来提高虚拟仿真环境的感知能力和交互性，使其更加贴近真实工作环境。

（4）建立完善的评价反馈机制

通过学习平台搜集学生的学习数据并分析其学习行为模式可以建立科学的评价反馈机制来评估学生的学习效果。同时，可以根据评价结果及时调整教学策略和方法以更好地满足学生的学习需求。此外，还可以建立家校合作机制，让家长参与到学生的数字化学习过程中，共同关注和促进学生的成长和发展。

综上所述，数字化学习在高等职业教育中具有重要的意义和广泛的应用前景。然而，要想充分发挥数字化学习的优势，还需要关注并解决目前存在的问题和挑战。通过加强技能培训、完善资源库建设、提升模拟能力和适配性以及建立完善的评价反馈机制等措施，不断提升高等职业教育数字化学习的效果和质量。

3.3.2　高等职业教育数字化教学

3.3.2.1　职业院校数字化教学的情况

随着信息技术的飞速发展，高等职业教育领域正经历着前所未有的数字化变革。高等职业院校作为培养技术技能型人才的重要基地，其数字化教学的推进情况直接关系到教育质量和人才培养成效。以下从四个方面来详细阐述高等职业院校数字化教学的现状。

（1）网络教学平台的应用现状

网络教学平台作为数字化教学的重要载体，已经广泛应用于高等职业院校的教学中。相关研究数据显示，超过 70%的高等职业院校在教学过程中使用了网络教学平台，主要功能包括呈现课程资源、进行在线测试、开展师生交流等。

具体来说，网络教学平台的功能较多。教师可以通过平台上传课件、视频等教学资源，学生可以在任何时间、任何地点访问这些资源进行学习。同时，网络教学平台还提供了在线测试功能。教师通过该平台可以随时发布作业等；学生通过该平台提交答案后，系统可以即时给出反馈，帮助学生及时了解自己的学习情况。

除资源呈现和在线测试外，网络教学平台还提供了师生交流的功能。教师可以通过该平台的讨论区、问答区等模块与学生进行互动，解答学生的疑问，引导学生深入思考。这种实时的交流方式不仅提高了教学质量，还增强了学生的参与感和归属感。新型冠状病毒感染疫情后，经过几年的发展，数字化教学呈现常态化发展的趋势，网络教学平台等众多数字技术已经持续、深入地应用到高等职业院校教学场景中。

网络教学平台对课前教学的支持主要有开展课前预习、告知教学计划、呈现教学资源和信息、课后反思、课前签到等功能；网络教学平台对课中教学环节的支持主要有呈现课程资源、开展线上课堂教学活动互动（如点名、抢答、提问、课中小测试、课中调查小问卷等）、随堂测试等；网络教学平台对课后教学与交流环节的应用主要有对学生的学习情况进行统计分析和评价、进行课后作业批改等，教师针对平台进行评学的功能使用相对较少。

（2）教学评价中数字技术的使用现状

在高等职业院校中，利用数字技术进行学习过程评价、作业批改及评价、在线考勤机出勤情况评价使用率较高，而在课堂测试、课前预习评价的使用率相对较低，也有少部分院校未使用数字技术进行课前、课中、课后教学评价。

（3）数字化实训教学的开展

实训教学是高等职业教育中非常重要的环节，对培养学生的实践能力和职业素养具有重要意义。随着数字技术的引入，高等职业院校的实训教学也实现了从传统模式向数字模式的转变。

相关研究数据显示，近65%的高等职业院校在实训教学中使用了数字技术和设备。这些技术和设备包括但不限于虚拟仿真实训软件平台、即时视频录播系统、多媒体教学设备等。通过这些数字化工具，学生可以在虚拟环境中进行安全、高效的操作训练，避免了传统实训教学中可能存在的安全风险和高成本问题。

以虚拟仿真实训软件平台为例，该平台通过模拟真实工作环境和操作流程，使学生能够身临其境地进行操作训练。同时，该平台还可以根据学生的操作情况给出即时反馈，帮助学生发现错误并及时纠正。这种教学方式不仅提高了实训效果，还激发了学生的学习兴趣。

（4）岗位实习的数字化支持

岗位实习是职业教育培养学生实践能力和职业素养的关键环节。随着数字技术的深入应用，高等职业院校在岗位实习方面也实现了数字化支持，70%左右的高等职业院校使用了岗位实习的数字化管理系统，主要包括顶岗实习，少部分高等职业院校在认知实习、跟岗实习阶段也使用了数字化管理系统。具体来说，支持岗位实习的数字化系统为学生实习的顺利开展提供了重要保障。

首先，数字化系统可以实现实习信息的管理和共享。通过虚拟仿真实训软件平台录入学生的实习信息、企业和导师信息等数据，学校可以随时掌握学生的实习情况并及时给予指导。同时，学生也可以通过虚拟仿真实训软件平台查看实习安排、提交实习报告等材料。

其次，数字化系统可以对实习过程进行监控和评估。通过虚拟仿真实训软件平台的数据分析功能，学校可以了解学生的实习表现、工作成效等情况，并据此对实习过程进行评估。这种监控和评估机制有助于确保实习质量并提高人才培养效果。

最后，数字化系统可以提供个性化的实习指导。通过数据分析发现学生的优势和不足，学校可以为学生提供有针对性的实习指导和建议。同时，虚拟仿真实训软件平台还可以根据学生的兴趣和职业规划提供相关的实习机会和就业信息，帮助学生更好地实现个人发展。

3.3.2.2 高等职业院校数字教育资源共建共享情况

数字教育资源的共建共享是高等职业教育数字化发展的重要内容之

一。通过整合和完善教育资源，高等职业院校可以为学生提供更加丰富、多元的学习内容，提高教育质量和效益。以下将从四个方面来阐述高等职业院校数字教育资源的共建共享情况。

（1）在线精品课程的建设

在线精品课程是高等职业院校数字教育资源的重要组成部分之一。通过建设高质量的在线课程，学校可以为学生提供更加便捷、高效的学习方式。研究发现，大部分高等职业院校都积极参与了在线精品课程的建设和推广工作。

在线精品课程的建设涉及多个方面，包括课程设计、教学资源制作、平台搭建等。为了确保在线精品课程质量，高等职业院校通常会组建由教学经验丰富、专业素养高的教师团队来负责课程设计工作。同时，学校还会投入大量资金和资源用于配套教学资源的制作与平台的搭建工作。

建设完成的在线精品课程通常具有内容丰富、形式多样、互动性强等特点。学生可以通过在线教学平台随时访问课程资源进行学习，并根据自己的学习进度和需求进行个性化调整。此外，在线教学平台还提供了在线测试、作业提交、交流讨论等功能模块帮助学生巩固所学知识并提高学习效果。

（2）专业教学资源库的建立

专业教学资源库是职业院校积累、整合和共享教学资源的重要途径之一。通过建立专业教学资源库，学校可以集中管理和利用各类教学资源为教学提供有力支持。

专业教学资源库的建设涉及多个方面，包括资源的收集、整理、分类和共享等。为了确保资源的质量，学校通常会组建专门的教学资源建设团队负责相关工作。同时，学校还会积极与企业、行业协会等合作机构合作共同开发和制作高质量的教学资源。

建设完成的专业教学资源库通常包含大量的教材、课件、案例、实训项目等资源。这些资源不仅涵盖了专业基础知识，还涉及了行业前沿动态和实践经验等内容。通过这些资源，学校可以为学生提供更加全面、深入的学习体验并促进校企合作与交流。

（3）虚拟仿真实训基地的建设

虚拟仿真实训基地是高等职业院校实践教学的重要补充之一。学校通过建立虚拟仿真实训基地，可以为学生提供更加安全、高效、便捷的实践操作训练平台。

虚拟仿真实训基地的建设通常涉及虚拟仿真技术、计算机技术等多个领域的知识和技能。为了确保虚拟仿真实训基地的建设质量和效果，学校通常会组建由专业技术人员和教学人员组成的团队负责相关工作。同时，学校还会投入大量资金和资源用于购置设备、开发软件等工作。

建设完成的虚拟仿真实训基地通常包含多个虚拟仿真环境和系统，覆盖多个专业领域和实训项目。学生可以在虚拟环境中进行各种实践操作训练并通过系统的反馈和指导不断提高自己的实践能力和职业素养。此外，虚拟仿真实训基地还可以与企业的实际生产环境相结合，为学生提供更加贴近实际的实践体验并促进校企合作与交流。研究发现，50%左右的高等职业院校已立项建设国家级和省级的虚拟仿真实训基地。

（4）高等职业院校数字教育资源共享情况

研究发现，90%左右的高等职业院校实现了二级院系的数字教育资源共享；90%左右的高等职业院校实现了学校范围内的数字教育资源共享；20%左右的高等职业院校实现了校企、校际的数字教育资源共享，而校企资源共享大多数是校企深度合作的共享。

高等职业院校数字教育资源共享的主要影响因素包括：学校经费的支持情况、激励政策的完备情况、数字化平台的支撑情况、各层面政策和标准制度的完备情况、教师数字化建设能力情况、校企合作企业深度参与情况、师生使用需求情况以及其他影响资源共享的各相关方参与或投入情况。

3.3.2.3 高等职业院校数字化教学发展的影响因素

高等职业院校数字化教学发展受到多种因素的影响。这些因素既包括内部因素（如教学理念、师资队伍、教学设施等），也包括外部因素如政策环境、技术支持、资金投入等。以下从内部和外部因素两个方面详细阐述影响高等职业院校数字化教学发展的因素。

（1）内部因素

教学理念：教学理念是指导教学活动的重要思想基础。在数字化教学的发展过程中，高等职业院校需要树立以学生为中心、注重学生实践能力培养的教学理念。只有树立了正确的教学理念，才能推动数字化教学的深入发展并实现教育质量的提升。

师资队伍：师资队伍是数字化教学的重要支撑力量。高等职业院校需要加强师资队伍建设，提高教师的信息素养和教学能力。具体来说，学校可以通过培训、引进等方式，提升教师的数字化教学能力并鼓励教师积极参与数字化教学实践和研究活动。

教学设施：完善的教学设施是数字化教学的重要保障之一。高等职业院校需要投入足够的资金和资源，来用于购置数字化教学设备和资源如网络教学平台、虚拟仿真实训系统等。同时，学校还需要加强教学设施的日常维护和管理，以确保其正常运行并满足教学需求。

（2）外部因素

政策环境：政策环境是影响高等职业院校数字化教学发展的重要外部因素之一。政府需要出台相关政策支持高等职业院校数字化教学的发展，如制定数字化教学标准、提供资金支持等。同时，政府还需要加强对高等职业院校数字化教学的监督和评估，以确保其规范有序地发展。

技术支持：技术支持是数字化教学的重要驱动力之一。随着信息技术的不断发展，高等职业院校需要积极引进和应用新技术如云计算、大数据、人工智能等，提高数字化教学的效率和效果。同时，学校还需要加强与科研机构、企业等机构的合作，共同推动数字化教学技术的发展和应用。

资金投入：资金投入是高等职业院校数字化教学发展的物质基础之一。为了保障数字化教学的顺利进行，高等职业院校需要投入足够的资金，来用于购置设备、开发资源、培训师资等方面的工作。同时，学校还需要积极争取政府和社会各界的资金支持，形成多元化的资金投入机制，从而促进数字化教学的可持续发展。

3.3.3 高等职业教育数字化教学能力发展

3.3.3.1 教师对数字化教学的态度

随着信息技术的飞速发展，数字化教学在高等职业教育中扮演着越来越重要的角色。高等职业院校教师普遍对数字化教学持积极态度。研究数据显示，大多数教师认为数字化教学能够提升教学质量和效率，增强学生的学习体验。大部分教师表示，支持在教学中广泛应用数字技术，并愿意投入时间和精力去学习和掌握相关的数字化教学工具与软件。他们认为，数字化教学不仅能够丰富教学手段，还能激发学生的学习兴趣，促进学生对知识的深度理解和应用。

3.3.3.2 教师数字化工具与软件的熟悉度

教师对数字化工具与软件的熟悉度直接影响了其在教学中的应用效果。研究数据显示，大部分高等职业院校教师已经具备一定的数字化工具与软件应用能力，能够熟练操作一些常用的教学软件，如多媒体教学平台、虚拟仿真软件等。然而，仍存在部分教师对新兴数字化工具不够熟悉的情况。因此，学校应加强对这部分教师的数字化技能培训，特别是针对一些新出现的、具有创新性的教学工具，提升教师的整体数字化教学水平。

具体而言，教师对常用数字化工具的熟悉度较高，如对多媒体教学设备、在线教学平台等使用较为熟练。但对于一些新兴技术，如虚拟现实（VR）、增强现实（AR）等，教师的熟悉度相对较低。因此，未来应加强这些新技术在教学中的应用推广，提高教师的数字化教学水平。

3.3.3.3 教师数字化教学组织与实施能力

教师数字化教学组织与实施能力是决定教学质量的关键因素之一。高等职业院校教师在数字化教学组织与实施方面表现出较强的能力。他们能够灵活运用数字化工具进行课程设计和教学实施，使教学过程更加生动有趣。例如，许多教师能够利用多媒体教学资源，通过视频、音频、动画等多种形式展示课程内容，激发学生的学习兴趣。

同时，教师还能够利用在线教学平台，开展课前预习、课中互动和课后复习等教学环节，形成完整的教学闭环。他们善于通过平台数据分析学生的学习情况，及时调整教学策略，确保教学效果的最大化。此外，一些教师还尝试将虚拟仿真技术引入实训教学中，通过模拟真实工作环境，提升学生的实践操作能力。

3.3.3.4 教师数字化教学评价能力

教师数字化教学评价能力是教师在数字化教学环境中对学生学习成果进行有效评估的关键。高等职业院校教师普遍具备较强的数字化教学评价能力。他们能够运用在线测试、作业提交、课堂互动等多种方式搜集学生的学习数据，并通过这些数据分析得出客观准确的评价结果。

具体来说，教师经常利用在线教学平台的功能进行诊断性考试、在线考勤、作业评价等。这些评价方式不仅提高了评价的效率，还保证了评价的客观性和公正性。此外，一些教师还尝试将人工智能技术应用于教学评价中，通过人工智能分析学生的学习行为和学习成果，为教师提供更加精准的教学反馈。

3.3.3.5　教师数字化教学资源的应用能力

教师数字化教学资源的应用能力是衡量其数字化教学水平的重要指标。高等职业院校教师在数字化教学资源的应用方面表现出较高的能力。他们能够根据教学需要，灵活选择和整合各种数字化教学资源，为学生的学习提供有力支持。

目前，高等职业院校的许多教师善于利用互联网上的优质教育资源，如在线课程、教学视频、电子图书等，丰富教学内容。同时，他们还积极参与学校或行业组织的教学资源共建共享活动，为教学资源的丰富性和多样性贡献力量。在实训教学方面，教师也能够充分利用虚拟仿真教学工具，通过模拟真实工作环境，提升学生的实践能力和职业素养。

3.3.3.6　教师基于数字技术支持的实训教学能力

高等职业教育注重培养学生的实践能力和职业素养，而实训教学是其中的关键环节。教师基于数字技术支持的实训教学能力对提升学生的实践操作能力具有重要意义。许多高等职业院校教师已经具备较强的实训教学能力，能够熟练运用各种数字化工具和设备进行实训教学。例如，一些教师利用虚拟仿真技术模拟真实工作环境，让学生在虚拟环境中进行实践操作和技能训练。这种方式不仅降低了实训教学的成本和风险，还提高了实训教学的安全性和灵活性。同时，教师还能够通过数据分析实时监控学生的学习情况，及时发现问题并进行有针对性的指导。

3.3.3.7　教师数字化教学研究能力的发展现状

数字化教学研究是推动高等职业教育教学改革和创新的重要动力。高等职业院校教师在数字化教学研究方面表现出一定的积极性和创造力。他们不仅能够关注数字化教学的前沿动态和最新成果，还能够结合自身教学实践开展深入研究。

目前，高等职业院校中越来越多的教师开始参与数字化教学研究课题和项目，积极探索数字化教学的新模式、新方法和新技术。他们通过发表学术论文、参与学术交流、组织教学研讨会等方式分享研究成果和经验做法，为高等职业教育的数字化发展贡献力量。

3.3.3.8　高等职业院校教师数字化教学新理念、新模式关注度

调研发现，高等职业院校教师更加关注数字化教学的新理念和新模式，如混合式学习、翻转课堂、项目式学习等。他们认为这些新理念和新

模式能够更好地适应数字化时代的教学需求，从而提高教学质量和效果。随着数字化教学的不断深入发展，高等职业院校教师也需要加强对数字化教学新理念和新模式的学习和研究，以适应教育现代化的要求。

3.3.3.9 国家职业教育智慧教育平台应用情况

国家职业教育智慧教育平台是推动高等职业教育数字化发展的重要载体。高等职业院校教师在对该平台的应用方面表现出较高的积极性和主动性。他们积极注册并使用该平台提供的教学资源和服务功能，为自身的教学实践提供有力支持。

具体来说，许多教师利用智慧教育平台进行在线备课、授课和答疑等教学活动；通过该平台的数据分析功能了解学生的学习情况和需求；通过该平台参与教师培训和学习交流活动，与其他教师共享教学资源和经验做法等。这些应用行为不仅提高了教师的工作效率和专业素养，也促进了职业教育资源的合理配置和共享利用。

3.3.3.10 高等职业院校教师开展数字化教学的影响因素

高等职业院校教师开展数字化教学会受到多种因素的影响。根据高等职业学校开展数字化教学的相关分析主要包括以下四个方面：一是政策支持力度不足，缺乏明确的政策导向和激励措施；二是资源投入不够充分，无法满足数字化教学的需求；三是教师培训不足，导致教师缺乏必要的数字化教学技能和知识；四是技术应用环境不佳，如网络基础设施不完善、教学平台不稳定等问题影响了数字化教学的顺利开展。

针对这些问题，需要政府、学校和社会各方面共同努力，加大政策支持和资源投入力度；开展教师培训和学习交流活动；采取营造完善的技术应用环境等措施来促进高等职业院校教师数字化教学的深入开展。

3.3.3.11 高等职业院校教师开展数字化教学面临的挑战

高等职业院校教师在开展数字化教学过程中面临多方面的挑战。一是技术层面的挑战，如数字化教学工具的复杂性、教学平台的稳定性和兼容性等问题需要不断解决和优化。二是教学层面的挑战，比如如何将数字化技术有效融入教学过程、如何设计符合学生需求的数字化教学资源等问题需要深入研究和探索。此外，还存在一些制度层面的挑战，比如如何建立科学的数字化教学评价机制、如何保障教师开展数字化教学的权益等问题也需要逐步解决。

面对这些挑战，高等职业院校教师需要不断学习新技术和新方法；积极参与教学改革和创新实践；加强与同行之间的交流和合作；共同推动高等职业教育数字化发展的进程。

3.3.3.12　高等职业院校教师数字化教学能力发展的影响因素

教师自身因素的作用，包括教师的教育理念、知识结构和能力水平等方面。只有具备现代教育理念、丰富知识结构和较高能力和水平的教师，才能更好地适应数字化教学的发展需求并不断提升自身的数字化教学能力。

学校环境因素的影响。学校作为教师工作和学习的主要场所之一，在提供必要的数字化教学资源和支持服务方面发挥着重要作用。学校应加大对数字化教学资源的投入力度并完善相关基础设施建设；开展教师培训和学习交流活动，以提高教师的数字化教学水平；建立健全数字化教学评价机制，从保障教师的权益等方面入手，来促进教师数字化教学能力的提高。

外部环境因素的影响。外部环境包括政策环境、社会环境和行业环境等方面。政府应加大对职业教育数字化发展的支持力度并出台相关政策措施来引导和推动其发展；社会各界应加强对职业教育数字化发展的关注和支持；行业组织应积极参与职业教育数字化发展的研究和实践并发挥桥梁和纽带作用，来共同推动高等职业院校教师数字化教学能力的提高。

3.3.4　高等职业教育数字化管理与服务

3.3.4.1　数字化管理系统建设情况

在高等职业教育领域，数字化管理与服务的推进已成为提升教育质量、优化管理流程的重要手段。近年来，随着新一代信息技术的飞速发展和教育数字化的深入实施，高等职业院校在数字化管理系统建设方面取得了显著成效。数字化管理系统不仅涵盖了教务管理、学生管理、财务管理等多个核心领域，还逐步向校企合作、职业技能竞赛等外延领域扩展，形成了一个较为完整的数字化管理体系。

具体而言，根据调研数据，目前高等职业院校的数字化管理系统建设普及率普遍较高。教务管理系统作为学校日常运营的核心平台，其普及率达到了92%以上，几乎覆盖了大部分高等职业院校。学生管理系统、办公自动化系统、一卡通服务系统和财务管理系统等关键系统的建设普及率也均在90%以上，显示出了高等职业院校在数字化管理系统建设上的全面性和深入性。

值得注意的是，尽管数字化管理系统整体建设水平较高，但部分数字化管理系统的普及率仍有待提升。例如，校企共享信息系统、合作企业管理系统和职业技能竞赛支持平台等系统的普及率相对较低，均在50%以下。这些系统对于促进校企合作、提升竞赛组织效率等方面具有重要意义，因此，高等职业院校需要进一步加强这些系统的建设，以满足学校多元化管理的需求。

此外，不同类型院校在数字化管理系统建设上也存在一定差异。相较于中职学校，高等职业院校在资源配置、技术支持等方面具有优势明显，在数字化管理系统建设上表现较为突出。

3.3.4.2 数字化管理系统使用情况

数字化管理系统能否得到广泛使用是检验其建设成效的重要标志。然而，根据调研数据，当前高等职业院校数字化管理系统的整体使用频率仍有待提高。尽管部分核心系统的使用频率较高，如教务管理系统和学生管理系统等，但一些非核心系统的使用频率却普遍偏低。

具体而言，企业兼职教师管理系统、校企合作管理系统、校企共享信息系统和职业技能竞赛支持平台等系统的使用频率均不足35%，反映出这些系统在实际应用中并未得到充分利用。造成这一现象的原因可能有多种，如系统功能不完善、操作界面不友好、用户培训不足等。因此，高等职业院校在推进数字化管理系统建设的同时，还需注重系统的持续优化和更新迭代，以满足不同用户的实际需求。

此外，随着新型冠状病毒感染疫情的结束，教学模式的转变也对数字化管理系统的使用产生了一定影响。随着线下教学的逐步恢复，部分师生对于数字化管理系统的依赖度有所降低。然而，这并不意味着数字化管理系统失去了其应用价值。相反，在新型冠状病毒感染疫情常态化防控的背景下，数字化管理系统在保障教学秩序、提升管理效率等方面仍然发挥着重要作用。因此，高等职业院校需要继续加强数字化管理系统的推广，以充分发挥其在教育管理中的作用和价值。

3.3.4.3 面向学校管理者的数字化服务

面向学校管理者的数字化服务是提升管理效能、优化资源配置的重要手段。高等职业院校通过搭建完善的数字化服务平台，为管理者提供了便捷、高效的管理手段，有效提升了管理水平和效率。

具体而言，面向学校管理者的数字化服务涵盖了多个方面。一是通过数字化办公系统实现了文件的电子化流转和审批流程的线上操作，大大节省了管理者的时间和精力；二是通过数据分析平台对各类管理数据进行深度挖掘和分析，为管理者提供了精准的数据支持和决策依据；三是通过一站式服务平台整合了各类管理资源和业务流程，实现了管理服务的集中化和便捷化。

然而，调查研究也显示出目前面向学校管理者的数字化服务在个性化程度、系统稳定性等方面仍有待提升。部分管理者对于现有数字化服务的满意度不高，认为系统在功能设计、操作体验等方面存在不足。因此，高等职业院校需要进一步加强需求分析和用户体验研究，不断优化服务流程和功能设计；同时，还要加强系统维护和技术支持团队建设，确保数字化服务的稳定性和可靠性。

3.3.4.4 面向教师的数字化管理服务

面向教师的数字化管理服务是提升教学质量和效率的重要保障。高等职业院校通过构建丰富的数字化教学资源和平台支持体系，为教师提供了便捷的教学资源、实施和评估手段，有效提升了教师的教学水平和效果。

具体而言，面向教师的数字化管理服务涵盖了多个方面。一是通过在线教学资源库为教师提供了丰富的教学素材和案例资源支持其备课和授课需求；二是通过教学管理系统实现了课程安排、成绩录入等日常教学工作的在线化操作，减轻了教师的工作负担并提高了工作效率；三是通过师生互动平台加强了师生之间的沟通交流、促进了教育质量的持续提升。

然而，部分教师在使用数字化管理服务时仍存在一定困难和挑战。例如，部分教师对新技术、新工具的学习和掌握能力有限，导致其在使用过程中遇到诸多障碍；部分学校的数字化管理服务尚未实现全面覆盖和深度整合，使得部分教师无法充分享受到数字化管理带来的便利和优势。因此，高等职业院校需要进一步加强教师培训和技术支持体系建设，以提升教师的数字化素养和应用能力；同时，高等职业院校还需要推动数字化管理服务的全面覆盖和深度整合，以满足教师的多元化需求并提升其使用体验和教学效率。

3.3.4.5 高等职业院校大数据中心建设

大数据中心作为高等职业院校数字化转型的重要基础设施之一，在数据采集、存储、分析和应用等方面发挥着关键作用。通过搭建完善的大数据中心平台，高等职业院校可以实现对海量数据的深度挖掘和分析，为教学、科研和管理提供更加精准和高效的决策支持。

具体而言，高等职业院校大数据中心的建设涵盖了多个方面。一是通过建设高性能的数据采集和存储系统，实现对各类教学和管理数据的全面采集和高效存储；二是通过搭建先进的数据分析平台，实现了对数据的深度挖掘和分析，为管理者和教师提供了精准的数据支持和决策依据；三是通过构建完善的数据共享机制，实现数据的开放共享和跨界融合，以促进不同领域之间的协同创新和发展。

然而，大数据中心的建设和运营也面临诸多挑战。例如，数据安全、隐私保护等问题需要引起高度重视并采取有效措施加以解决；技术壁垒和资源分配不均等问题，也需要通过政策引导和市场机制等手段加以解决。因此，高等职业院校需要进一步加大大数据中心建设和运营的投入力度，来提升其技术水平和资源整合能力；同时，高等职业院校还需要加强数据安全和隐私保护机制建设，确保数据资源的合法合规使用和维护用户权益。

3.3.4.6　高等职业院校大数据中心的支持作用

高等职业院校大数据中心在支持学校数字化转型方面发挥着重要作用。高等职业院校大数据中心通过搭建完善的大数据平台，为教学、科研和管理提供了全方位的支持和服务，从而推动学校各项工作的智能化和精准化发展。

具体而言，大数据中心的支持作用主要体现在以下三个方面：一是通过数据分析为教学提供个性化支持。大数据中心可以根据学生的学习行为和成绩数据为教师提供个性化的教学建议和资源推荐；同时，通过分析学生的职业兴趣和发展需求，为学生提供更加精准的就业指导和职业规划。二是通过数据分析为科研提供创新支持。大数据中心可以汇聚全校乃至全国的科研数据资源，为科研人员提供丰富的数据支持和灵感来源；同时，通过分析科研数据和成果数据，为科研管理提供科学的评估和优化建议。三是通过数据分析为管理提供精准支持。大数据中心可以对学校的人、财、物等资源进行全面监控和分析，为管理层提供实时的数据报告和预警信息；同时，通过分析管理数据和业务流程数据，为管理层提供科学的决策支持和优化建议。

此外，大数据中心还可以通过建立智能化校园管理系统，实现对学生行为、教师绩效等多方面的全面监控和分析；通过引入人工智能技术，实现智能客服、智能安防等新型应用场景;通过运用数字孪生技术在校园规划、能源管理等领域,实现校园物理空间和数字空间的深度融合与发展。随着这些应用场景的拓展,将进一步提升高等职业院校的管理水平和服务质量,促进学校各项工作的智能化和精准化发展。

综上所述,高等职业院校大数据中心在支持学校数字化转型方面发挥着重要作用。未来需要进一步加大大数据中心的建设和运营力度,推动其在教学、科研和管理等领域的广泛应用和深度融合;同时,高等职业院校还要加强数据安全和隐私保护机制建设,以确保数据资源的合法合规使用和维护用户权益;最后,高等职业院校还要注重大数据技术的创新应用和发展趋势研究,为大数据中心的持续发展和优化提供有力支撑和保障。

3.3.5　高等职业教育数字化支撑条件

在高等职业教育数字化的进程中,坚实有效的数字化支撑条件是实现教育教学现代化、提升教学质量与效率的关键。本节将从以下五个方面来详细探讨高等职业教育数字化支撑条件的现状与发展。

3.3.5.1　数字化基础设施

数字化基础设施是高等职业教育数字化转型的基石,涵盖校园网、数据中心、云计算平台等多个方面。这些基础设施的建设不仅为数字化教学提供了物理基础,还直接影响到教学资源的共享、管理及应用效率。

（1）校园网建设

校园网作为学校信息化建设的核心部分,其覆盖范围和建设质量直接影响着师生的教学和学习体验。根据调研数据,目前高等职业院校在校园网建设方面已取得显著成效。近六成的学校已实现校园有线网完全覆盖,两成以上的学校实现部分覆盖,剩余学校也在积极建设中。同时,无线网建设也在加速推进,近一半高等职业院校已实现校园无线网完全覆盖,三成以上的学校实现了部分覆盖,有力支持了师生的移动学习和办公需求。

随着 5G 和 Wi-Fi 6 等新一代通信技术的快速发展,高等职业院校正积极引入这些先进技术以提升网络性能。近七成的学校已实现 5G 网络的完全或部分覆盖,39% 左右的学校完全覆盖,28% 左右的学校部分覆盖,而半数以上的学校也已实现了 Wi-Fi 6 网络的部分或完全覆盖,进一步提升了校园网络的稳定性和传输速率。

（2）数据中心与云计算平台

数据中心与云计算平台作为高等职业院校数字化校园建设的核心,对于高等职业院校提高数据处理能力、实现资源共享具有重要意义。根据调研数据，近一半学校已应用了公有云或专有云服务，通过按需付费的方式享受数字服务，大幅降低了数字化门槛和成本。这些平台不仅为师生提供了灵活、高效的数据存储和处理能力，还促进了教学资源的共享和协同工作。

3.3.5.2 数字化教学环境

数字化教学环境是高等职业教育数字化转型的重要组成部分，包括数字化教室、虚拟仿真实训室等，这些环境为师生提供了更加丰富、直观、互动的教学方式。

（1）数字化教室

数字化教室通过集成多媒体教学设备、电子白板、互动教学系统等现代化教学工具，实现了教学手段的多样化，提高了教学过程的互动性。教师可利用这些工具进行演示、讲解、讨论等多种教学活动，而学生则可通过电子设备进行互动学习和自主探究，极大地提高了学生的学习兴趣。此外，数字化教室还支持远程教学，打破了时间和空间的限制，使教学更加灵活和便捷。

（2）虚拟仿真实训室

虚拟仿真实训室利用虚拟现实技术模拟真实工作场景，为学生提供高度仿真的实训环境。这种实训方式不仅降低了实训成本和风险，还提高了实训效果和学生的实践能力。根据调研数据，已有超过六成的学校建立了虚拟仿真实训室，但专业覆盖率仍需进一步提升。目前，四成以上的学校覆盖率在 0~30%，1/4 以上的学校覆盖率在 31%~60%，仅有少数学校的专业覆盖率达到 90% 以上。未来，随着技术的不断成熟和成本的降低，学校对虚拟仿真实训室的建设和应用将更加广泛与深入。

3.3.5.3 网络安全防控体系及建设情况

随着高等职业教育数字化进程的加速推进，网络安全问题日益凸显。建立健全网络安全防控体系对于保障数字化教学的顺利进行具有重要意义。

（1）网络安全防控体系建设

大多数高等职业院校已建立较为完善的网络安全防控体系，包括网络安全管理制度、网络安全监控平台、网络安全应急响应机制等。这些措施的实施有效提升了学校应对网络安全威胁的能力和效率。同时，很多学校还加强了对师生的网络安全教育和培训，增强了师生的网络安全意识和防范能力。

（2）网络安全技术应用

在网络安全技术应用方面，学校积极引入防火墙、入侵检测系统、数据加密等先进技术手段来提高网络系统的安全性和可靠性。同时，学校还通过和外部安全机构的合作与交流，共同应对网络安全的挑战。此外，学校还定期对网络系统进行安全检查和漏洞修复工作，确保网络系统的稳定运行。

3.3.5.4 平安校园建设情况

平安校园建设是保障师生人身安全、维护校园稳定的重要举措。高等职业院校通过建立健全校园安全管理体系和应急响应机制等措施来积极推进平安校园建设。

（1）校园安全管理体系建设

很多学校已建立较为完善的校园安全管理制度和监控平台，通过安装视频监控、门禁系统等设备实现了对校园安全的全方位监控和管理。同时，很多学校还加强了与公安、消防等部门的合作与交流，共同维护校园安全和稳定。此外，学校还定期组织安全演练和培训活动，增强师生的安全意识和应对突发事件的能力。

（2）校园应急响应机制建设

学校制定了详细的应急预案和应急响应流程，明确了各部门在应对突发事件时的职责和任务分工。同时，学校还加强了应急队伍的建设和培训工作，提高了应对突发事件的能力和效率。此外，学校还建立了与上级部门和周边单位的应急联动机制，实现了资源共享和协同应对突发事件的目标。

3.3.5.5 绿色校园建设情况

绿色校园建设是推进高等职业教育可持续发展的重要途径之一。学校通过采取推广绿色节能技术、建设生态校园等措施来降低能耗、减少污染、提高资源利用效率，为师生营造一个更加宜居、宜学的校园环境。

（1）绿色节能技术推广

很多学校积极引入太阳能、风能等可再生能源技术以及节能灯具、节水器具等绿色节能产品，有效降低了学校的能耗和运营成本。同时，学校还通过加强对师生的节能教育和宣传工作，增强了师生的节能意识。此外，学校还定期对校园能源使用情况进行监测和分析，及时发现和解决能源浪费问题。

（2）生态校园建设

很多学校注重校园绿化工作，通过采取增加校园绿地面积、种植本地植物等措施提高了校园的生态环境质量。同时，学校还加强了对校园生态环境的监测和保护工作，防止环境污染和生态破坏现象的发生。此外，学校积极组织师生参与环保活动和志愿服务工作，增强了师生的环保意识。这些措施不仅美化了校园环境，还促进了人与自然的和谐共生，为校园师生创造了一个更加舒适宜人的学习和生活空间。

综上所述，高等职业教育数字化支撑条件的建设已取得显著成效但仍需进一步完善和提升。未来随着技术的不断发展和不断深入相信高等职业教育数字化转型将取得更加显著的成果，为培养更多具有创新精神和实践能力的高素质技术技能人才做出更大贡献。

3.3.6 高等职业教育数字化体制机制建设

3.3.6.1 数字化组织机构和岗位的建设情况

在数字化转型过程中，建立健全数字化组织机构和岗位是保障数字化转型工作顺利推进的基础。高等职业院校普遍重视数字化组织机构和岗位的建设，已经形成较为完善的数字化管理体系。

（1）数字化管理机构设置

多数高等职业院校已设立专门的信息化管理部门或中心，负责全校的信息化建设、管理和维护工作。这些部门不仅承担校园网络、信息系统、数据中心等基础设施的建设与运维，还负责数字化教学资源的开发与整合，推动数字化教学改革的深入实施。

（2）数字化岗位配置

高等职业院校根据数字化工作的需要，合理配置各类数字化岗位，包括网络管理员、系统管理员、数据分析师、信息安全专员等。这些岗位可以确保数字化工作的专业化、规范化运行，提高了工作效率和质量。

（3）数字化团队建设

高等职业院校注重数字化团队建设，通过引进高素质专业人才、加强内部培训和交流等方式，不断提升团队的整体素质和能力。同时，高等职业院校通过建立激励机制，鼓励团队成员积极参与数字化创新实践，推动数字化技术在教育教学中的应用与普及。

3.3.6.2 高等职业院校数字化工作主管领导的发展现状

高等职业院校数字化工作主管领导在推动学校数字化转型中发挥着至关重要的作用。他们不仅是数字化战略的制定者，也是数字化工作的组织者和实施者。当前，高等职业院校数字化工作主管领导的发展现状呈现出以下三个特点：

（1）认知水平提升

随着数字化转型的深入发展，高等职业院校主管领导对数字化工作的重视程度不断提高。他们开始从战略高度审视数字化工作的重要性，积极学习数字化相关知识，提升自身数字化素养和领导力。

（2）政策支持力度加大

高等职业院校主管领导在制定学校发展规划时，将数字化建设作为重要内容纳入其中。他们通过出台相关政策文件、提供经费支持等方式，为数字化工作的顺利开展提供有力保障。

（3）协调沟通能力增强

数字化工作涉及多个部门和领域，需要高等职业院校主管领导具备较强的沟通协调能力。目前，高等职业院校主管领导在协调各方资源、推动跨部门合作方面表现出色，有效促进了数字化工作的整体推进。

3.3.6.3 高等职业院校数字化工作主管领导的分布特征

高等职业院校数字化工作主管领导的分布特征主要体现在以下三个方面：

（1）职务层级分布

在高等职业院校中，数字化工作主管领导主要是校级领导和中层干部。其中，由正校级领导主管数字化工作的比例较高，这反映出高等职业院校对数字化工作的高度重视。同时，也有部分副校级领导和职能部门负责人负责数字化工作的具体实施和推进。

（2）专业背景分布

随着数字化技术的快速发展和广泛应用，具有信息技术或相关领域专业背景的主管领导在高等职业院校中逐渐增多。他们凭借丰富的专业知识和实践经验，为数字化工作的科学决策和有效实施提供了有力支持。

（3）年龄结构分布

目前高等职业院校数字化工作主管领导的年龄结构相对合理，既有经验丰富的老领导，也有充满活力的中青年干部。多样性的年龄结构有助于形成优势互补的团队效应，推动数字化工作的不断创新和发展。

3.3.6.4 高等职业院校领导的数字化领导力发展水平

高等职业院校领导的数字化领导力发展水平直接关系到学校数字化转型的成效。目前，高等职业院校领导的数字化领导力发展水平呈现出以下三个特点：

（1）战略规划能力增强

高等职业院校领导具备较强的数字化战略规划能力，能够根据学校发展实际和外部环境变化，科学制定数字化发展战略和规划。他们注重将数字化战略与教育教学、科研创新等核心工作紧密结合，形成协同发展的良好局面。

（2）组织协调能力提升

高等职业院校领导在组织协调方面表现出色，能够有效整合校内外资源，推动数字化工作的跨部门合作和协同创新。他们通过建立完善的沟通机制和协作平台，确保数字化工作的顺利推进和高效实施。

（3）创新驱动意识增强

高等职业院校领导具备强烈的创新驱动意识，注重将数字化技术作为推动教育教学改革和创新发展的重要手段。他们鼓励师生积极参与数字化创新实践，探索数字化教学的新模式、新方法，不断提升教育教学质量和效果。

3.3.6.5 高等职业院校领导的数字化领导力提升机制

为了不断提升高等职业院校领导的数字化领导力，各院校积极探索并建立了一系列有效的提升机制。

（1）培训机制

高等职业院校通过定期举办数字化领导力培训班、研讨会等活动，邀请专家、学者和优秀企业家来校授课交流，帮助领导干部拓宽视野、更新观念、提升素养。同时，鼓励领导干部参加国内外高级研修班和访问考察活动，了解最新数字化技术和未来发展趋势。

（2）激励机制

高等职业院校建立健全数字化工作激励机制，将数字化工作成效纳入领导干部绩效考核体系。对在数字化工作中表现突出的领导干部给予表彰奖励和晋升机会，对未能完成数字化工作任务的领导干部进行问责处理。

通过奖惩分明的激励机制有效激发了领导干部的工作积极性和创造力。

（3）交流平台

高等职业院校通过建立数字化工作交流平台或联盟组织等方式，加强与其他高校、企业和研究机构的沟通与合作。通过共享资源、交流经验、协同攻关等方式推动数字化工作的不断创新和发展。同时，这种方式也促进了领导干部之间的交流与合作，提升了他们的数字化领导力和团队协作能力。

3.3.6.6 高等职业院校领导的数字化领导力培训需求

随着数字化转型的深入推进和数字化技术的不断发展更新，高等职业院校领导对数字化领导力的培训需求也不断增大。目前，高等职业院校领导对数字化领导力培训需求主要体现在以下三个方面：

（1）战略思维与决策能力培训

领导干部需要掌握数字化战略思维和决策能力，能够准确分析判断数字化发展趋势和市场变化，科学制定数字化发展战略和规划。因此，他们需要进行数字化战略思维和决策能力的专项培训。

（2）数字化转型实践经验分享

高等职业院校通过邀请国内外成功实施数字化转型的高校和企业代表来校分享实践经验和管理心得，帮助领导干部深入了解数字化转型的实际操作和关键环节。这种经验分享有助于他们更好地把握数字化转型的脉搏和方向。

（3）数字化技术与教育教学融合创新培训

随着数字化技术的不断发展更新了其与教育教学的融合创新也日益受到关注。因此，需要对领导干部进行数字化技术与教育教学融合创新的专项培训，帮助他们掌握最新的数字化教学技术，以推动教育教学改革和创新发展。

3.3.6.7 数字化规划与政策、标准与规范的整体发展现状

高等职业院校在数字化转型过程中注重制定科学合理的数字化规划与政策、标准与规范，以确保数字化工作的有序开展和高效实施。目前，高等职业院校数字化规划与政策、标准与规范的整体发展现状呈现出以下三个特点：

（1）规划体系完善

目前，高等职业院校普遍建立了较为完善的数字化规划体系，包括学

校总体发展规划中的数字化专项规划以及学校中各部门各专业的数字化规划等。这些规划之间相互衔接、协调一致，共同构成了高等职业院校数字化转型的蓝图和指南。

（2）政策支持力度大

为了保障数字化工作的顺利推进，高等职业院校通过出台一系列相关政策文件为数字化工作建设提供有力支持。这些政策文件涵盖资金投入、项目管理、人才培养等多个方面，为数字化工作的深入开展提供了有力保障。

（3）标准与规范健全

为了确保数字化工作的规范化和标准化，高等职业院校制定了一系列数字化标准与规范，包括信息系统建设标准、数据资源共享标准、信息安全管理规范等。这些标准与规范有助于提升高等职业院校数字化工作的质量和效率，以确保各项工作的顺利开展和有效协同。

3.3.6.8　各项数字化规划与政策、标准与规范的建设与应用现状

高等职业院校在数字化转型过程中注重各项数字化规划与政策、标准与规范的落地。目前高等职业院校各项数字化规划与政策、标准与规范的建设与应用现状普遍呈现出以下三个特点：

（1）信息系统建设标准得到广泛应用

高等职业院校在信息系统建设过程中普遍遵循国家和行业标准，制定了科学合理的信息系统建设标准。这些标准涵盖了系统设计、开发、测试、部署等多个环节，确保了信息系统建设的规范化和标准化。同时，各院校还根据自身特点和需求，对标准进行了适当调整和补充以适应不同场景下的应用需求。

（2）数据资源共享标准逐步推广

高等职业院校为了促进数据资源的共享利用积极制定数据资源共享标准。这些标准明确了数据资源的分类、编码、存储、交换等要求为高校间数据资源的整合与共享提供了技术支撑。高等职业院校通过实施这些标准，各院校之间实现了数据资源的互联互通和共融共享，从而推动了数据资源的深度挖掘和价值创造。

（3）信息安全管理规范得到有效执行

高等职业院校高度重视信息安全工作，通过制定一系列信息安全管理规范以确保数字化工作的安全可控。这些规范涵盖了网络安全、数据安

全、个人信息保护等多个方面，为信息系统的稳定运行和数据资源的安全保密提供了有力保障。各院校通过加强信息安全管理和技术防护，有效防范了各类信息安全风险和威胁，确保了数字化工作的顺利开展和深入推进。

3.3.6.9 数字化专项经费计划发展与投入使用现状

高等职业院校在数字化转型过程中需要投入大量经费，用于基础设施建设、系统研发、人员培训等。各院校为了确保经费的合理使用和高效投入普遍制订了数字化专项经费计划。当前高等职业院校数字化专项经费计划的发展与投入使用现状呈现出以下三个特点：

（1）经费投入持续增长

随着数字化转型的深入推进和数字化技术的不断发展，高等职业院校对数字化建设的经费投入持续增长。各院校通过政府资金、自筹资金、社会捐赠等多种渠道筹集经费，为数字化建设提供了资金保障。

（2）经费使用科学合理

高等职业院校在对数字化专项经费的使用过程中需要注重资金的合理使用，以确保数字化各项工作的顺利开展和高效实施。各院校通过建立完善的经费管理制度和流程加强对经费使用的监督和管理，确保资金使用的合规性和效益性。同时，各院校还积极引入第三方审计机构对经费使用情况进行审计评估，确保经费使用的透明度和公正性。

（3）投入产出效益显著

高等职业院校通过科学合理的经费投入和高效率的资金使用使数字化建设取得了显著成效。各院校不仅建成了先进的信息基础设施和完善的数字化管理体系，还推动了教育教学改革和创新发展，提升了教育教学质量和效果。同时，各院校还积极探索数字化技术的应用场景和创新模式，为数字化技术的普及和推广作出了积极贡献。

3.3.6.10 高等职业院校数字化研究与合作机制

各院校为了推动数字化工作的深入开展和持续创新积极构建数字化研究与合作机制，加强内外部资源的整合与共享。目前，高等职业院校数字化研究与合作机制的发展现状呈现出以下三个特点：

（1）内部研究机构健全

各院校为了加强对数字化工作的研究和探索普遍设立了专门的数字化研究机构。这些机构汇集了校内外优秀的专家学者和技术人才，围绕数字化工作的重点、难点问题进行深入研究和分析，为学校的数字化建设提供理论支撑和智力支持。

（2）外部合作机制完善

各院校为了拓宽研究视野和合作渠道积极与国内外高校、科研机构、企业等建立合作关系，共同开展数字化技术的研发和应用推广。各院校通过共享资源、交流经验、协同攻关等方式，推动数字化技术的不断创新和发展。同时，各院校还积极参加国内外数字化领域的学术会议和交流活动，了解最新研究成果和发展趋势，提升自身在数字化领域的影响力和竞争力。

（3）研究成果丰硕

各院校通过不断完善研究机制和创新合作模式，在数字化领域取得了丰硕的研究成果。各院校不仅在数字化技术的研发和应用方面取得了重要突破，还在数字化管理、教育教学改革等方面积累了丰富的经验和实践案例。这些成果不仅为学校的数字化建设提供了有力支持，还为推动职业教育领域的数字化转型和发展作出了积极贡献。

3.3.7 高等职业教育数字化发展的挑战与策略

3.3.7.1 高等职业教育数字化的主要挑战与问题

目前，在高等职业教育数字化发展的过程中，尽管取得了显著的进步，但仍面临诸多挑战和问题。这些挑战和问题主要体现在学生学习、数字化教学、教师数字化教学能力、数字化管理与服务、数字化支撑条件以及高等职业院校数字化体制等方面。

（1）数字技术支持下学生学习存在的挑战与问题

①学生对数字技术应用的自主性不足。

调研数据显示，尽管大多数学生已经能够使用数字设备进行学习，但新型数字技术在学生学习中的应用仍存在自主性不足的问题。部分学生对新技术的学习和应用缺乏主动性和积极性，这导致数字技术在学生学习中无法得到充分发挥。具体表现为，学生对新技术工具的学习意愿不强，对于数字化学习资源的自主探索和利用能力不足。

②学生对数字技术模拟和呈现真实工作环境的满意度不高。

学生在使用数字技术模拟和呈现真实工作环境时，满意度整体不高。这主要体现在学生认为数字技术模拟真实工作环境的效果与其期望存在差距，特别是在技能实训和岗位实习环节，数字技术模拟真实场景的有效性尚不能满足学生的学习需求。调研中许多学生反映，尽管虚拟仿真实训软件提供了丰富的模拟场景，但在实际操作过程中，软件使用的便捷性和用户体验方面仍有待提升。

（2）数字化教学存在的挑战与问题

①技术应用泛化与形式化。

在数字化教学过程中，技术应用的泛化与形式化问题较为突出。许多院校在引入新技术时，往往过分强调技术的先进性，而忽视了技术的应用性。具体表现为：部分教师只是简单地将传统的教学内容数字化，而没有真正利用数字技术改变教学模式和方法。此外，一些数字化教学资源和教学平台的使用率不高，仅仅停留在展示和演示层面，未能充分发挥其作用。

②优质的数字化教学资源的供给能力不足。

笔者调研发现，优质的数字化教学资源供给能力不足是制约数字化教学发展的关键因素之一。尽管市面上存在大量的数字化教学资源，但其中很多资源的质量参差不齐，难以满足高等职业院校老师的教学需求。同时，由于不同专业和课程之间的差异性较大，很难实现资源的共享。这导致高等职业院校在数字化教学资源建设上需要投入大量的人力、物力和财力，增加了教学成本。

③面向技能培养的数字化教学应用导向尚未完全形成。

在数字化教学过程中，面向技能培养的数字化教学应用导向尚未完全形成。许多院校仍然沿用传统的教学模式和方法，未能充分利用数字技术来提升学生的实践能力和创新能力。调研数据显示，部分院校在数字化教学方面缺乏规划，导致数字技术在其教学中的应用效果不显著。

（3）教师数字化教学能力存在的挑战与问题

①数字技术教学应用的认识水平与实践能力存在差异。

教师在数字化教学能力方面存在认识水平与实践能力的差异。部分教师对数字技术的认识较为深刻，能够熟练运用数字工具进行教学设计和实施；但也有部分教师对数字技术的认识不够深入，缺乏必要的数字化教学技能。这种现象导致数字化教学在不同院校、不同专业之间的发展不均衡，影响了整体教学质量。

②帮助教师数字化教学能力持续提升的支持生态有待进一步完善。

教师数字化教学能力的持续提升需要完善的支持生态。然而，目前许多高等职业院校在建设提升教师数字化教学能力方面的支持生态存在不足，如缺乏必要的培训资源、技术支持和经费保障等。这使得教师在数字化教学过程中面临诸多困难和挑战，难以充分发挥数字技术的优势。

（4）数字化管理与服务存在的挑战与问题

①学校在数字化管理系统建设中缺乏自身特色。

在数字化管理系统建设方面，许多高等职业院校缺乏自身特色，难以满足不同类型院校、不同专业之间的实际需求。部分院校在数字化管理系统建设上盲目跟风，忽视了自身特色和优势。导致虽然数字化管理系统建设成本高、维护难度大，但在实际应用中效果仍然不佳。

②数字化服务应用不充分。

尽管许多高等职业院校已经建立较为完善的数字化服务体系，但数字化服务的应用仍不充分。具体表现为，部分院校在数字化服务方面的投入不足，导致其服务覆盖范围有限、服务质量不高。同时，由于数字化服务的宣传和推广力度不够，许多教师和学生对数字化服务缺乏了解和认识，难以充分利用这些服务来提升教学质量和学习效果。

（5）数字化支撑条件存在的挑战与问题

①数字化基础设施发展不平衡、不充分。

高等职业院校在数字化基础设施发展方面存在不平衡、不充分的问题。具体表现为，一些院校在校园网建设、计算机设备配置等方面投入较大，而另一些院校则相对滞后。基础设施发展的不平衡影响了数字化教学的整体效果和质量。

②虚拟仿真实训室效用未能充分发挥。

虚拟仿真实训室在职业教育中具有重要作用，但许多院校的虚拟仿真实训室效用未能充分发挥。这主要是虚拟仿真实训室建设成本高、维护难度大、教师技能不足等原因导致的。同时，部分院校在虚拟仿真实训资源的开发和利用上也存在不足，难以满足学生的实际学习需求。

（6）高等职业院校数字化体制机制存在的挑战与问题

①驱动高等职业院校数字化高质量发展的领导力有待强化。

在高等职业院校数字化发展过程中，领导力的强弱直接影响到数字化建设的成效和质量。然而，目前许多高等职业院校在数字化方面的领导力存在不足，如领导对数字化建设的重视程度不够、对新技术的学习和应用能力不强等。这导致高等职业院校在数字化发展过程中缺乏明确的目标和规划，难以形成有效的发展机制。

②数字化经费保障机制不完善。

数字化经费保障机制的不完善也是制约高等职业院校数字化发展的重要因素之一。尽管许多院校已经意识到数字化建设的重要性，但在经费投入和使用方面仍缺乏科学合理的规划和管理。这导致数字化建设资金不足、使用效率不高，难以满足高等职业院校数字化发展的实际需求。

3.3.7.2 职业教育数字化发展的推进策略

针对高等职业教育数字化发展过程中存在的问题和挑战，各院校需要采取一系列策略来促进数字化建设的持续深入发展。

（1）从"被动"适应到"主动"迎接数字时代的教育发展

高等职业院校应主动迎接数字时代的教育发展潮流，摒弃被动接受新技术的心态和做法。具体而言，各院校应加强对数字技术的学习和研究，了解新技术的最新进展和应用前景；同时，各院校应积极引入新技术并将其应用于教学和管理中，提升教学质量和管理效率。此外，各院校还应加强对学生和教师的数字素养培养，提高他们的数字化学习和应用能力。

（2）从对数字技术的"认知"转向"应用"和"创新"

高等职业院校在数字化建设过程中应从对数字技术的简单认知转向深入的应用和创新。具体而言，各院校应加强对数字化教学资源的开发和利用，建设优质的数字化教学资源库；同时，各院校应鼓励教师将数字技术融入教学设计和实施过程中，创新教学模式和方法。此外，各院校还应积极开展数字化教学研究和实践探索活动，推动数字化教学的深入发展。

（3）从"技术叠加"到技术与教学的"融合"

教师在数字化教学过程中应避免将技术进行简单地叠加使用而忽略其需要与教学过程深度融合。高等职业院校应积极探索数字技术在教学中的有效应用方式和方法，将技术真正融入教学环节中并发挥其独特优势。例如，可以利用虚拟现实（VR）、增强现实（AR）等技术模拟真实工作场景和操作流程，提升学生的实践能力和操作技能；同时，各院校还应利用大数据分析技术对学生的学习行为和效果进行精准分析和评估，为个性化教学提供依据和支持。

（4）从单点到整体生态型数字化资源分享和使用系统的构建

高等职业院校应构建整体生态型的数字化资源分享和使用系统，打破单点资源的局限性并促进资源的共享和利用。具体而言，可以建设统一的数字化教学资源平台和管理系统，实现资源的集中存储和统一管理；同时，应鼓励教师和学生积极在此系统中上传和分享自己的优质教学资源，促进彼此相互学习和借鉴；此外，高等职业院校还可以加强与外部机构的合作和交流，引进更多优质的数字化教学资源。

（5）提升学生和教师的数字化能力与素养

提升学生和教师的数字化能力与素养是推进职业教育数字化发展的关键。高等职业院校应加强对学生的数字化培训和教育，引导他们树立正确的数字化学习观念并掌握必要的数字化学习技能；同时，加强对教师的数字化教学能力培训，帮助他们掌握最新的数字教学工具并将其有效应用于教学实践中；此外，高等职业院校还应加强校际交流与合作，共同推动职业教育数字化水平的整体提升。

（6）加强数字治理，建立完善的数字化标准规范

加强数字治理并建立完善的数字化标准规范是保障职业教育数字化健康有序发展的基础性工作之一。高等职业院校应建立完善的数字治理体系和机制，以加强对数字化建设过程中的监管和管理；同时，高等职业院校应积极参与制定和完善相关数字化标准与规范，确保数字化建设过程中的规范性和一致性；此外，高等职业院校还应加强数据安全和隐私保护工作，建立健全数据保护机制，防止数据泄露和滥用情况的发生。

（7）促进数字化均衡发展，消除数字鸿沟

促进数字化均衡发展并消除数字鸿沟是实现教育公平和高质量发展的必然要求之一。政府应加大对中西部和农村地区职业院校的数字化建设投入力度，提升其数字化基础设施水平和数字化教学能力；同时，政府应加强对这些地区教师的培训和支持，帮助他们掌握必要的数字化教学技能和方法；此外，政府还应鼓励和支持校际交流与合作，推动优质数字化教学资源的共享和利用，从而缩小地区间的教育差距并实现均衡发展目标。

（8）建立数字校园服务体系，真正落实"以人为本"的理念

建立以人为本的数字校园服务体系是提升职业教育服务质量和水平的重要途径之一。高等职业院校应围绕学生和教师的实际需求构建数字校园服务体系，包括在线学习平台、教学资源库、教学管理系统等；同时应注重提升服务的便捷性和有效性，确保用户能够轻松获取所需的服务和资源；此外，还应加强对服务质量的监督和评估，确保及时发现问题并采取措施加以改进，从而不断提升服务水平和用户满意度，最终将以人为本的服务理念落实于实际行动之中。

4 高等职业教育专业群构建研究

4.1 建设基础和要求

开展中国特色高水平高职学校和专业建设计划（以下简称"双高计划"），是推动我国职业教育高质量发展的重要举措。自 2019 年"双高计划"启动以来，高等职业教育领域迎来了前所未有的发展机遇。该计划不仅为高等职业院校提供了明确的发展方向和强有力的政策支持，还通过资金注入、资源整合等方式，为高等职业教育专业群（后文简称"专业群"）的构建奠定了坚实的基础。经过 5 年的实践探索，各院校在专业设置、师资队伍建设、实训基地建设等方面取得了显著成效，为专业群的进一步发展积累了宝贵经验，为"双高计划"建设提供了坚实的基础。

随着数字经济时代的发展和产业结构不断转型升级，高等职业教育面临着新的挑战和机遇。2024 年 5 月，教育部部长怀进鹏提出了"新双高"的概念。"新双高"是在原有"双高计划"的建设成果上进行深化和拓展，这是未来高等职业教育发展方向的精准定位。教育部副部长吴岩从目标定位、遴选标准、实施方式及任务变化四个方面，对"新双高"提出了明确的要求，即目标定位从自我完善到服务大局，遴选标准进行全面升级，采用地方、国家级联合体、共同体共同参与的联合遴选机制，此外，对任务导向也提出了新的要求（职业学校必须关注自身的内涵建设和发展质量，更要积极对接地方产业、区域战略、国际交流、民生需求等多个领域）。

进入新的发展阶段，高等职业教育专业群的构建被赋予了新的内涵和要求。专业群建设要进一步深化产教融合，加强校企合作，推动专业群与产业链、创新链的有效对接，培养更多适应产业发展需求的高素质技术技能人才。专业群建设从单纯的自我改善转变为服务产业发展、服务地方区域经济发展，体现高等职业教育与经济社会发展的紧密联系，通过提升高等职业教育服务力和贡献力，为国家和地方的经济转型升级提供有力支撑。"新双高"建设的内涵和要求为专业群的构建指明了方向，也为本书的研究提供了重要的政策依据。

4.2　组群逻辑

在高等职业教育专业群的构建过程中，组群逻辑是核心要素之一。基于"双高计划"的实施经验和教育部对"新双高"的建设思路，专业群的组群逻辑可以归纳为以下五个方面：

4.2.1　专业群对接产业链

专业群的组建应紧密围绕区域或行业重点产业，依托优势特色专业，形成与产业发展需求高度契合的专业集群。通过优化专业结构，对接产业需求，实现人才培养供给侧和产业需求侧的融合。

4.2.2　群内专业逻辑性

在专业群内部，各专业之间应形成紧密的协同关系。通过撤销或合并已有专业、新增或衍生新专业等方式，不断优化专业群内的专业设置，调整专业结构，增强专业群的建设活力。同时，构建"基础模块+专业模块"的课程体系，实现专业间的资源共享和优势互补。

4.2.3　专业群人才培养定位

在专业群构建的核心框架中，人才培养定位是至关重要的一环，它直接关联到教育目标的设定、培养方案的制订以及最终人才输出与社会需求的契合度。基于"双高计划"的指导思想及区域经济发展的实际需求，专业群的人才培养定位应体现在以下四个方面：

4.2.3.1　面向行业需求，精准定位

专业群的人才培养应满足区域或行业产业链的发展需求，深入分析产业转型升级、技术创新等趋势对人才能力结构的新要求。各院校通过调

研、论证，明确各专业在产业链中的位置与角色，从而精准定位人才培养的目标和方向，确保培养出的毕业生能够迅速适应并融入产业环境。

4.2.3.2 复合型与创新型并重

在专业群内应着重培养具有宽厚基础知识、专业技能扎实、实践能力强，且具备创新思维和跨界融合能力的复合型人才。这要求专业群在课程设置上打破传统界限，注重学科交叉与融合，通过增设跨学科课程、综合性实践项目等方式，拓宽学生的知识视野，培养其解决复杂问题的能力。同时，鼓励学生参与科研创新、技能竞赛等活动，激发其创新思维和创造力。

4.2.3.3 强化实践与创新能力培养

专业群的人才培养应特别注重实践教学环节，通过校企合作、产教融合等模式，为学生提供更多贴近实际工作场景的学习机会。建立校外实习实训基地，聘请企业导师参与教学，采用"工学交替""订单式培养"等模式，使学生能够在真实的工作环境中学习技能、积累经验。此外，各院校应加强创新创业教育，鼓励学生参与创业计划、科技创新项目等，培养其将所学知识转化为实际生产力的能力。

4.2.3.4 终身学习意识与能力培养

面对快速变化的行业环境和知识更新速度，专业群的人才培养还需注重培养学生的终身学习意识和自主学习能力。各院校应通过开设学习方法论、信息素养等课程，引导学生掌握高效的学习方法和信息获取途径。同时，加强学生职业生涯规划教育，帮助学生树立正确的职业观、就业观和创业观，为其终身职业发展奠定坚实基础。

专业群的人才培养定位应契合产业发展需求，注重复合型与创新型人才的培养，强化实践教学和创新能力培养，同时培养学生的终身学习意识和能力，以适应未来社会对高素质技能型人才的需求。

4.2.4 资源集聚

专业群的构建需要充分发挥资源的集聚效应。各院校应通过统筹资源布局，将优质教育资源向专业群倾斜，建立高水平的教学团队、实训基地和科研平台。这些资源的集聚有助于提升专业群的整体实力，为人才培养提供有力保障。

4.2.5 动态调整

专业群的构建是一个动态的过程。随着产业发展和技术进步，专业群内的专业设置和课程体系也需要进行相应的调整和优化。各院校应通过建立动态调整机制，确保专业群始终与产业发展保持同步，满足人才培养的新需求。

4.3 建设目标

基于上述组群逻辑，高等职业教育专业群的建设目标可以概括为以下四个方面：

①打造高水平专业群：通过优化专业结构、提升教学质量和科研水平，打造一批特色鲜明和优势显著的高水平专业群。这些专业群应成为区域或行业内的标杆和示范，引领职业教育高质量发展。

②培养高素质技术技能人才：围绕产业发展需求，构建适应新技术、新产业、新业态、新模式的高素质技术技能人才培养体系。高等职业院校通过深化产教融合、校企合作，实现人才培养与产业需求的无缝对接，为经济社会发展提供有力的人才支撑。

③提升服务产业发展能力：专业群应紧密对接产业链、创新链，为产业发展提供技术支撑和智力支持。高等职业院校通过加强科研创新、技术服务和社会培训等工作，提升专业群服务产业发展的能力和水平。

④形成可复制可推广的经验模式：在专业群建设过程中，注重总结经验、提炼模式，形成一批可复制可推广的经验。这些经验模式，不仅有助于推动本校职业教育的高质量发展，还能为其他高等职业院校提供借鉴和参考。

4.4 建设内容与举措

为了实现上述建设目标，高等职业教育专业群的建设内容与举措应具体而详尽，主要包括以下九个方面：

4.4.1 优化专业结构

专业群应根据产业发展趋势和人才需求变化，对现有专业进行全面梳理和评估。撤销或合并重复设置、低水平运行的专业，新增或衍生与产业发展紧密相关的专业，调整专业方向和培养目标，确保专业群内的专业设置科学合理、符合产业发展需求。

4.4.2 加强师资队伍建设

采取"引进来"与"走出去"相结合的方式加强师资队伍建设。一方面，积极引进具有行业背景和实践经验的优秀人才加入教学团队；另一方面，鼓励和支持现有教师参加各类培训和学术交流活动，提升其教学水平和科研能力。同时，建立健全激励机制和评价体系，激发教师的教学热情和创造力。

4.4.3 深化产教融合

高等职业院校应加强和行业企业的合作与交流，推动产教融合向纵深发展。通过共建产业学院、实训基地和科研平台等方式，实现人才培养与产业需求的对接。鼓励教师深入企业一线开展技术服务和研发工作；邀请企业专家参与专业建设、课程开发及联合科研等，促进科教融合；组织学生参加企业实习实训和创新创业活动。通过这些措施加强学校与企业的联系和合作。

4.4.4 强化实践教学

实践教学是职业教育的重要组成部分。为提升实践教学质量和效果，高等职业院校应加强实训基地建设和管理；改革实践教学模式和方法；推动实践教学与理论教学的深度融合；鼓励学生参与各类技能竞赛和创新创业项目。同时，高等职业院校还应加强对学生实践能力和职业素养的培养与考核，确保其具备较强的实践能力和职业素养以适应产业发展需求。

4.4.5 推进教育数字化建设

推进教育数字化建设是提升高等职业教育质量的关键路径之一。为加速这一进程，各院校应强化数字化基础设施的构建与应用系统的开发和部署；促进新一代信息技术与教育教学的深度融合，实现教学模式的创新与升级；加大力度建设和管理数字化教学资源，确保其丰富性、多样性与时效性；为学生打造更加广泛、便捷且个性化的学习环境，满足其多样化的学习需求。同时，各院校应注重提升学生的信息素养与数字技能，使他们能够充分适应并引领数字化时代的发展潮流。

4.4.6　创新人才培养模式

各院校应积极按照教育部提出的创新人才培养要求，通过推行"现场工程师""现代学徒制"等教学模式改革传统教学方法，鼓励学生参与真实项目和企业实践提升其实践能力与职业素养；推行"1+X"证书试点制度，鼓励学生获取多种职业技能证书，增强其就业竞争力和职业发展能力。此外，各院校还应加强对学生创新思维和创业精神的培养，通过开设创新创业课程、举办创新创业大赛、建立创新创业孵化基地等方式，激发学生的创新潜能，培养其成为具有创新精神和实践能力的高素质技术技能人才。

4.4.7　构建质量保障体系

为推动高等职业教育专业群的高质量发展，必须构建科学完善的质量保障体系。这包括制定明确的质量标准和评价体系，对专业群建设的各个环节进行全面监控和定期评估，引入第三方评价机构，增强评价的客观性和公信力。同时，各院校应建立反馈与改进机制，及时收集和分析各类反馈信息，针对存在的问题和不足，制定切实可行的改进措施，确保专业群建设始终沿着正确的方向前进。

4.4.8　强化国际合作与交流

在全球化背景下，加强国际合作与交流对于提升高等职业教育专业群的国际竞争力和影响力具有重要意义。各院校通过与国际知名高校、教育机构及跨国企业的深度合作，引进国际先进的教育理念、教学方法和教学资源，推动专业群的国际化发展；同时还需要鼓励学生参与国际交流项目，拓宽国际视野，提升跨文化沟通能力；此外，还可以通过举办国际学术会议、合作研究项目等方式，加强与国际同行的合作与交流，共同推动职业教育领域的创新发展。

4.4.9　注重可持续发展与动态调整

高等职业教育专业群的构建不仅要注重短期的建设成效，更要关注其长远发展和可持续发展。因此，高等职业院校在建设专业群过程中，应充分考虑资源的合理配置和有效利用，避免过度投入和浪费；同时加强专业群内部的自我更新和自我发展能力，建立灵活多样的调整机制，以适应产业发展和市场变化的需求；此外，还应注重培养学生的学习能力和自我发展能力，为他们未来的职业生涯奠定坚实基础。

4.4.9.1　建立反馈机制

为了确保专业群建设的有效性和适应性，高等职业院校应建立一套完整的反馈机制，包括定期收集学生、教师、企业以及社会各界的意见和建议，通过问卷调查、座谈会、在线平台等多种形式，全面了解专业群建设的效果和存在的问题。

4.4.9.2　动态调整策略

基于反馈机制收集到的信息，专业群建设领导小组应定期组织会议，分析评估目前建设成效以及与预期目标的差距，及时识别潜在的风险和挑战。根据评估结果，灵活调整建设策略，包括调整专业设置、优化课程体系、加强师资队伍建设、拓展合作资源等，确保专业群建设能够持续适应产业发展和市场需求的变化。

面对快速变化的数字经济时代背景和产业发展趋势，高等职业院校应始终保持敏锐的洞察力和前瞻性，紧跟科技前沿和市场需求的变化，不断调整和优化专业设置和课程体系，确保专业群始终保持竞争力和活力。

4.4.9.3　质量持续提升

质量是专业群建设的生命线。各院校应建立质量持续提升机制，采取设立教学质量监控中心、实施教学质量评估、加强教学督导等措施，确保教学质量稳步提升。同时，鼓励教师进行教学研究和教学改革，引入先进的教学理念和方法，不断提升教学效果和学生的学习体验。

4.4.9.4　强化科研与技术创新

科研与技术创新是推动专业群发展的重要动力。各院校应加大对科研项目的支持力度，鼓励教师积极参与科研项目申报和实施，促进科研成果的转化和应用；同时加强与行业企业的合作，共同开展技术研发和创新活动，推动产学研深度融合，为产业发展提供有力支撑。

4.4.9.5　加强国际交流与合作

国际化是提升专业群国际竞争力和影响力的重要途径。各院校应积极参与国际交流与合作项目，学习借鉴国际先进的教育理念和教学方法，引进优质教育资源；同时，加强与国外高校和机构的合作，共同开展人才培养、科学研究等活动，提升专业群的国际知名度和影响力。

4.4.9.6　构建终身学习体系

随着科技的飞速发展和社会的不断进步，终身学习已成为时代的要求。各院校应构建完善的终身学习体系，为师生提供多样化的学习机会和资源。通过开设在线课程、举办专题讲座、组织学术交流活动等方式，鼓励师生不断更新知识、拓宽视野、提升能力，为未来的职业发展奠定坚实基础。

4.5　预期成效

基于上述建设内容与举措，高等职业教育专业群的构建预期将取得以下成效：

①专业群实力显著提升。高等职业院校通过优化专业结构、加强师资队伍建设、深化产教融合等措施，其办学实力和水平将得到显著提升并建设成一批特色鲜明和优势显著的高水平专业群。

②人才培养质量大幅提高。创新人才培养模式、强化实践教学和信息化建设等措施将有效提升人才培养质量。毕业生将具备更强的实践能力、职业素养和创新精神，更好地满足产业发展需求和社会进步要求。

③服务产业发展能力显著增强。专业群与产业链、创新链的紧密对接将显著提升其服务产业发展的能力。各院校通过加强科研创新、技术服务和社会培训等工作，为产业发展提供有力的人才和技术支撑。

④国际影响力不断扩大。各院校通过加强国际交流与合作，其专业群的国际知名度和影响力将显著提升。与国际知名高校和教育机构的合作将促进教育理念的更新与教学方法的创新，与跨国企业的合作将推动产、学、研、用深度融合，为产业发展注入新的活力。

⑤形成可持续发展模式。各院校在专业群建设过程中形成的经验模式

和成功做法，可为其他高等职业院校提供有益的借鉴和参考。这些经验模式，不仅有助于推动本校职业教育高质量发展，还能为职业教育的可持续发展探索出一条新的路径。

4.6　建设进度

为确保高等职业教育专业群建设的顺利推进，各院校需要制订详细的建设进度计划。该计划应明确各阶段的主要任务、时间节点和责任人，确保各项建设任务按时按质完成。同时，建立定期检查和评估机制，对建设进度进行实时跟踪和评估，及时发现并解决问题。

4.6.1　启动阶段

成立专业群建设领导小组和工作小组，明确各成员的职责分工。组织开展产业调研和需求分析，确定专业群建设的总体方向和具体目标。制订详细的建设规划方案，包括专业结构调整、师资队伍建设、实训基地建设、信息化建设等具体实施方案。

4.6.2　实施阶段

按照建设规划方案，分阶段、分步骤完成各项建设任务。优先启动专业结构调整工作，撤销或合并低效专业，新增或优化与产业发展紧密相关的专业。加强师资队伍建设，引进优秀人才，提升教师教学和科研能力。加快实训基地和信息化建设的步伐，改善实践教学条件、提升信息化水平。深化产教融合，加强与行业企业的合作与交流，推动人才培养模式创新。

4.6.3　中期评估阶段

组织专家对专业群建设进行中期评估，检查各项建设任务完成情况。根据评估结果，各院校及时调整建设方案，解决存在的问题和不足，召开建设进展汇报会，总结经验，推广好的做法和经验。

4.6.4　深化完善阶段

在中期评估的基础上，进一步加强专业群建设，优化专业结构，提升教学质量和科研水平。加强国际合作与交流，提升专业群的国际竞争力和影响力。构建完善的质量保障体系，确保专业群建设的持续性和有效性。

4.6.5　总结验收阶段

组织专家对专业群建设进行全面验收，评估建设成效和预期目标达成情况。召开总结大会，表彰先进，总结经验教训，为未来发展提供借鉴。编制专业群建设总结报告，提交上级主管部门和相关单位。

4.7　经费预算与保障措施

4.7.1　经费预算

经费是高等职业教育专业群建设的重要保障。在编制经费预算时，应充分考虑各项建设任务的资金需求，确保经费的充足和合理使用。经费预算应包括但不限于师资队伍建设、实训基地建设、信息化建设、国际交流与合作、质量保障体系构建等方面的费用。同时，应建立严格的经费管理制度和审计监督机制，确保经费使用的透明度和合规性。

4.7.2　保障措施

4.7.2.1　组织保障
①成立由学校主要领导任组长的专业群建设领导小组，负责制定专业群建设的总体规划。
②设立专门的工作机构，负责专业群建设的具体组织和实施工作。
③明确各参与单位的职责和任务分工，合力推进专业群建设。

4.7.2.2　资金保障
①积极争取上级主管部门和地方政府对专业群建设的政策与资金支持。
②整合学校内部资源，优化资源配置，确保专业群建设资金充足。
③鼓励企业和社会力量参与专业群建设，形成多元化资金投入机制。

4.7.2.3　政策保障
①制定和完善相关政策文件，为专业群建设提供政策支持和保障。

②加大对优秀人才的引进和培养力度，为师资队伍建设提供有力保障。

③加强对实训基地和信息化建设的指导与支持，提升实践教学条件和信息化水平。

4.7.2.4　监督与评估保障

①建立完善的监督与评估机制，对专业群建设进展情况进行定期检查和评估。

②引入第三方评估机构进行客观公正的评估，确保评估结果的准确性和公信力。

③加强对评估结果的分析和反馈，及时调整建设方案和改进工作措施。

4.7.2.5　文化与环境保障

营造积极向上的文化氛围和创新创业环境，激发师生参与专业群建设的热情和创造力。加强校园文化建设，提升学校软实力和品牌影响力。优化校园环境，为师生提供良好的学习和工作环境。

4.8　成果展示与社会服务

4.8.1　成果展示

①成果展示平台：搭建专业群建设成果展示平台，通过网站、展览、报告会等多种形式，全面展示专业群建设的成果和经验。这既是对专业群建设成效的总结，也是对外宣传和交流的重要窗口。

②案例汇编与分享：整理并汇编专业群建设的典型案例，包括成功的教学改革案例、产教融合合作案例、科研创新成果案例等。通过举办分享会、研讨会等形式，将这些案例分享给同行院校和企业，促进经验交流和相互学习。

③政策倡导与推动：基于专业群建设的实践经验和成果，积极向政府部门和教育主管机构提出政策建议，推动相关政策法规不断完善。同时，通过行业协会、学术组织等渠道，推广专业群建设的理念和模式，为职业教育的发展贡献力量。

4.8.2　社会服务

①服务地方经济：高等职业教育专业群作为高等教育机构的重要组成部分，应积极履行社会责任，服务地方经济社会发展。通过提供技术咨询、人才培训、产品开发等服务，助力地方产业升级和转型发展。

②公益教育与培训：各院校可利用专业群的教育资源和师资力量，开展公益教育和培训活动，对农村、贫困地区等弱势群体，提供职业技能培训和继续教育机会，帮助他们提升就业能力和生活水平。

③文化传承与创新：深入挖掘和传承地方特色文化，将传统文化元素融入专业教学和科研活动中。同时，鼓励师生进行文化创新，推动传统文化的发展和传播，为文化繁荣和发展贡献力量。

4.9　专业群构建实践

本节旨在深入探讨高等职业教育领域在应对产业升级与技术革新背景下，如何构建与优化两大专业群——工业机器人技术专业群与大数据智能化专业群，以培育符合未来市场需求的高素质、高技能数字人才。随着智能制造与大数据时代的加速到来，高等职业教育作为连接教育与产业的桥梁，其专业群的构建与调整显得尤为关键。

笔者是工业机器人技术专业群带头人，该专业群将聚焦智能制造领域对自动化、智能化生产线的迫切需求，通过整合机械设计、电子技术、自动化控制、软件技术、大数据技术等多学科资源，形成特色鲜明、相互支撑的专业集群。而大数据智能化专业群的构建，则紧跟大数据时代的数据处理与分析、人工智能应用等前沿趋势，集合计算机科学、统计学、数学、信息管理等多学科优势，构建涵盖数据采集、存储、处理、分析及智能决策等全链条的专业体系。

本节通过对数字人才培养相关专业群的研究与实践进行阐述，期望能为高等职业教育在数字人才培养体系构建方面提供有价值的参考与借鉴，共同推动教育链、人才链与产业链、创新链的有效衔接。

4.9.1 工业机器人技术专业群

为深入贯彻落实《教育部 财政部关于实施中国特色高水平高职学校和专业建设计划的意见》《职业教育提质培优行动计划（2020—2023年）》等文件精神，重庆城市管理职业学院2021年立项了重庆市高水平高等职业学校和专业群建设任务，工业机器人技术专业群属于市级"双高计划"建设项目中的其中一个重点建设的专业群。

4.9.1.1 优势与特色

2021年，本专业群有1个国家骨干院校重点建设专业，1个教育部现代学徒制试点专业，2个重庆市级优质校重点建设专业，2个重庆市级校企合作示范项目重点建设专业。专业群主持建设1个国家教学资源库，1个重庆市级教学资源库；主持建设重庆市校企合作示范建设项目1个，主持建设重庆市应用技术推广中心1个，入选教育部《高职教育创新发展行动计划（2015—2018年）》生产性实训基地1个；教师团队有1门国家级精品资源共享课程。

本专业群学生在2019—2021年，获得全国职业院校技能大赛国赛一等奖2项、二等奖3项、三等奖4项，市级技能竞赛获奖25项；数学建模大赛获奖21项。

本专业群于2008年与重庆普天通信设备有限公司开始试点产业学院合作，成立普天信息学院，由企业和学校共同投入经费进行专业建设、校企共同分享学费收益，在校企双主体教学、师资互聘、实训室共建共营等方面开始了"校企一体"的合作探索。2014年，与大唐移动通信设备有限公司，成立大唐普天产业学院，获得企业投资300万元；2019年，与华为、中国联通深度合作，成立华为ICT学院，获得企业投资1 000余万元；2020年，与中兴通讯合作成立5G通信产业学院，获得企业投资700余万元，目前相关校企合作制度成熟，产教融合机制顺畅。

本专业群与西门子、英特尔、海尔集团等头部企业合作关系紧密。2017年，与海尔集团进行了"海尔之星"现代学徒制人才培养模式改革合作；2014—2019年，与英特尔公司合作承办了6届"英特杯"职业技能竞赛；2020年，与西门子公司合作承办世界技能大赛"工业4.0"赛项重庆市级选拔赛；2020年，与北汽集团共建北汽新能源汽车西南区培训中心，获得企业捐赠 148 万元。通过与头部企业的紧密合作，为本专业群的建设和发展奠定了基础。

4.9.1.2 机遇与挑战

（1）2021 年立项建设时面临的发展机遇

2019 年，《重庆发布发展智能制造工程实施方案（2019—2022 年）》提出，到 2022 年，累计推动 5 000 家企业实施智能化改造，84% 以上规模工业企业迈入数字化制造阶段，64% 以上规模工业企业迈入数字化网络化制造阶段，智能制造关联产业产值突破 400 亿元。

2020 年，《中共重庆市委关于制定重庆市国民经济和社会发展第十四个五年规划和二〇三五年远景目标的建议》明确提出，加快制造业高质量发展，促进智能产业、智能制造、智能化应用协同发展，高水平打造"智造重镇"。

2021 年 4 月，《中共重庆市委 重庆市人民政府关于进一步推动制造业高质量发展加快建设国家重要先进制造业中心的意见》要求加快培育具有国际竞争力的产业集群。依托重庆市制造业体系优势、规模优势和部分领域先发优势，培育电子信息、汽车、装备制造三大世界级先进制造业集群，打造材料、特色消费品等具有国际竞争力的先进制造业集群。到 2025年，呈现世界级先进制造业集群雏形；到 2035 年，世界级先进制造业集群优势全面形成。

（2）2021 年立项建设时面临的挑战

①制造业智能化演变带来信息技术与传统制造融合的挑战。传统制造业由机械、机电一体化、自动控制类专业进行支撑。制造业向智能化发展，需要信息技术与传统制造业的深度融合。信息技术融合的深度和广度决定了制造业智能化水平的高低。智能制造呈现以工业数据的互联互通为特点，产业链需要集成电路芯片、工业传感器、工业互联网、工业大数据分析管理、MES 软件系统等信息技术的支持，这些要求使智能制造产业需要多学科、多专业交叉融合趋势越来越显著，对复合型人才培养要求越来越高。而群内各专业的交叉融合培养机制还没有完全形成。

②专业群高端研发和技术服务人才集聚度不足。本专业群缺少高质量的科研平台和技术服务中心，对高水平的智能制造和信息技术领域的博士吸引力不够，校内教师缺少工程能力锻炼提升的机会，使得整个专业群教

师团队整体的科研能力和技术服务能力不足，专业群高端研发和技术服务人才集聚度不够。

4.9.1.3　组群逻辑

（1）专业群与产业链的对应性

智能制造核心特征是基于大数据、传感器、数据通信等信息技术融合的系统在生产中大规模使用，其本质是以第三次工业革命为基础进行自动化向智能化转变，从而实现"互联网+制造业"的智能生产。工业革命发展历程的四个阶段如图4-1所示。

图4-1　工业革命的四个阶段

专业群对应"工业4.0"的智能制造产业，智能制造产业链的物理层属性包含四层，即感知层、网络层、数据层和执行层；对应四个产品链，即机器视觉传感器、工业互联网、工业数据管理的MES软件管理系统、以工业机器人为主的自动化生产线；四个产品链又对应4个技术链，即工业传感器感知技术链、网络传输技术链、信息处理技术链、工业机器人等智能装备技术链；每一个技术链又由1~2个专业群专业对接支撑，其中工业传感器传感技术链主要由微电子技术提供传感器芯片技术支持，网络传输技术链主要由现代通信技术提供工业互联网技术支持，信息处理技术链主要由软件技术和大数据技术提供主要支撑，工业机器人等智能装备技术链主要由工业机器人技术专业提供支撑，如图4-2所示。

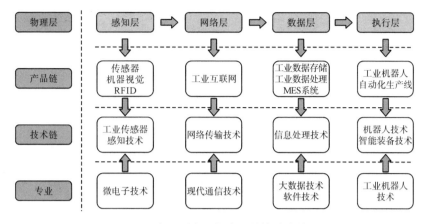

图 4-2 专业群专业与产业链的对应关系

（2）专业群人才培养定位

2021 年，重庆市"双高计划"项目立项时，工业机器人技术专业群人才培养定位是立足重庆，面向全国，辐射"一带一路"共建国家，对接高端智能制造产业，培养能够适应和满足传感器（芯片）应用、工业互联网技术应用、工业数据分析与处理、MES 软件使用及维护、工业机器人编程等相关岗位，具备技术精湛、综合学习能力强、具有国际视野、深度融合信息技术和工业控制技术技能的高端复合型技术技能人才。

（3）群内专业的逻辑性

专业群面向高端智能制造产业，以工业数据的采集、传输、管理和执行四个处理环节形成的智能制造工业数据流程作为建设专业群逻辑链条。以工业数据为导向，微电子技术专业服务工业数据的采集环节；现代通信技术服务工业数据的传输环节；大数据技术和软件技术专业服务工业数据的管理与分析环节；工业机器人技术专业服务工业数据执行环节。5 个专业构成一个完整的智能制造工业数据流程，参见图 4-3。

专业群内各专业共同服务智能制造产业，各专业有共同的电子、网络、传感器等信息技术基础，平台课程基本相同，实践教学条件可以相融。

专业群之间形成资源共享，协同生态发展。专业群内各专业相互融合、相互支撑，合力培养智能制造产业高端复合型技术技能人才。

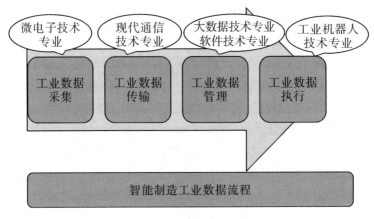

图 4-3 群内专业逻辑关系

4.9.1.4 建设成效

树立全国智能制造专业群人才培养的标杆。信息技术类专业与装备制造类专业有效融合，专业群综合实力全国领先，地方贡献度高，产教融合机制健全；毕业生就业对口率、薪资水平、社会满意度、创新创业率等关键指标在国内领先。

智能装备研究院和四个公共服务中心成为人才、技术、资源集聚地，在科技研发与社会服务贡献方面十分突出，有效助推了重庆智能制造产业的发展，成为重庆高新区发展离不开的引擎和动力源。

专业群建设预期获得标志性成果共 27 类，其中，全国职业院校技能大赛、主持国家级教学资源库等国家级标志性成果共计 13 项；市级精品在线开放课程、市级技能大赛、市级教师教学团队等市级标志性成果 39 个；建成 2 个院士工作站；专业群承接生产订单产值达到 2 000 万元；横向课题到账经费达到 800 万元；培训人次达到 3 500 人次。

到 2024 年上半年，该专业群已通过重庆市"双高计划"专业群建设验收。

4.9.2 大数据智能化专业群

为深入贯彻落实《教育部 财政部关于实施中国特色高水平高职学校和专业建设计划的意见》《职业教育提质培优行动计划（2020—2023 年)》等文件精神，重庆城市管理职业学院于 2021 年开展校内优势专业群立项建设项目，大数据智能化专业群立项校级特色专业群建设项目。

4.9.2.1 优势与特色

（1）专业群组成及引领优势

在 2021 年立项之初，大数据智能化应用专业群是重庆市优质的专业群，包含物联网应用技术、计算机网络技术、大数据技术与应用、软件技术和数字媒体应用技术五个专业。其中，物联网应用技术是国家级骨干院校重点建设专业；软件技术是国家紧缺型人才培养基地专业，中央财政专项资金支持建设专业，教育部"现代学徒制"软件技术试点专业；计算机网络技术是重庆市教改试点专业；大数据技术和数字媒体应用技术专业是学校"现代学徒制"项目推广专业。大数据智能化应用专业群组成如图 4-4 所示。

图 4-4 大数据智能化应用专业群组成

重庆城市管理职业学院与华为、中国联通共建 ICT 学院，同时与北京新大陆时代教育科技有限公司、中国联通重庆沙坪坝区分公司、科大讯飞股份有限公司、联想教育科技（北京）有限公司、上海智隆信息技术有限公司、重庆德克特信息技术有限公司等 20 余家知名企业建立了良好的合作关系；建成拥有集教学、科研、生产、培训等功能于一体的实训基地群，包含 RFID 技术、物联网感测技术、智能家居展示、结构化布线、网络管理、数据库技术等 10 余个按照企业标准建设的大数据实训中心、网络实训中心和物联网实训中心；校企共建实训基地规模达 3 000 余平方米，可同时提供 900 个实习工位供学生实习。实训基地除帮助在校学生完成技能训练外，还面向社会进行员工培训、联合研发与生产。重庆城市管理职业学院加大了校企合作的办学力度，创新体制机制，实现现代学徒制、订单式人才培养，通过实施工学交替、推行顶岗实习，构建"协同育人、平台共享、项目贯穿"的人才培养模式，开创了产教融合、校企合作的新篇章。

（2）专业群底蕴深厚，办学条件一流

2019—2021年，重庆城市管理职业学院通过与重庆德克特信息技术有限公司等公司开展校企师资互聘，组建专兼结合的教学团队，有专任教师50人，其中教授、副教授、高级工程师占52%，博士、硕士占92%，"双师"素质专任教师33人。大数据智能化专业群立项之初的师资情况如图4-5所示。

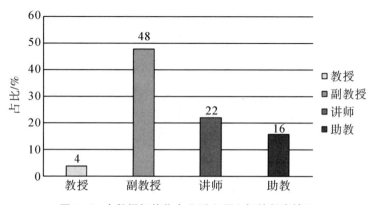

图4-5 大数据智能化专业群立项之初的师资情况

本专业群含应用技术协同创新中心2个，校内实训室20个，校外实训基地15个，实训设施先进，紧跟大数据智能化应用产业技术发展，构建"时间、空间、开放"三方位开放的实训基地运行机制。专业群内大数据技术与应用、物联网应用技术、计算机网络技术和软件技术与华为技术有限公司、北京新大陆时代教育科技有限公司、中国联通重庆沙坪坝区分公司和重庆德克特信息技术有限公司联合开发模拟项目案例10个，仿真物联网教学项目10个，智慧物流教学项目5个，校企共同开发智慧物流、智慧家居、智慧养老3个真实应用场景。

本专业群立项建设之初，其群教学科研成果卓著。本专业群拥有物联网技术国家级资源库1门，国家级精品资源共享1门，市级精品资源共享课程2门，校级精品资源共享课程以及物联网项目规划课程6门；获得国家级教学成果二等奖1项、重庆市教学成果一等奖1项，重庆市信息化素养大赛一等奖 1 项；教师完成省部级以上科研项目 25 项，为重庆市教育委员会、重庆市人力资源和社会保障局、上海智隆信息技术有限公司、中国联通重庆分公司、重庆德克特信息技术有限公司等单位与企业进行产学研服务项目 20 余个，发表学术论文 200 余篇，获得专利和软件著作权证书 23 项，出版教材 20 余部。

（3）生源质量领先，人才培养质量深得赞誉

2019—2021 年，本专业群生源质量领先。学院 2020 级专业群招生录取最高分超控制分数线 100 余分，招生录取分数线居全市高等职业院校排名前列，生源质量领跑全市。目前本专业群共有在校生 2 300 余人，其中高中生源占比 84.86%，中职生源占比 15.14%。

本专业群的社会满意度屡创新高。学院建立长效毕业生就业跟踪调查机制，2020 年专业群学生就业对口率为 68%，用人单位的满意度为 93.87%，学生就业的满意度达 96.16%。学生专业技能优异，创新创业能力突出，多次大赛屡获佳绩。本专业群相关专业学生曾经荣获全国职业院校技能大赛"云计算技术与应用"国赛二等奖，"物联网技术应用"国赛二、三等奖，"大数据技术与应用"国赛三等奖，全国践行工匠精神先进个人、重庆青年大学生创新创业之星、重庆高校创新能力先进个人标兵、重庆高校十大双创明星等称号。

4.9.2.2　机遇与挑战

（1）2021 年以大数据智能化为引领的创新驱动发展带来的机遇

随着云计算、大数据、物联网、移动互联网、人工智能等新一代信息技术快速演进，硬件、软件、服务等核心技术体系正在加速重构，电子信息产业正面临新一轮变革。党的十九大报告指出，我国经济已由高速增长阶段转向高质量发展阶段，要推动互联网、大数据、人工智能和实体经济深度融合，培育经济新增长点，形成新动能。2018 年，国务院发布《关于深化制造业与互联网融合发展的指导意见》指出，积极布局新兴领域和未来技术高点，云计算、大数据、工业互联网、人工智能等新技术加速推广应用。

2018 年 9 月，重庆确立"大数据智能化为引领的创新驱动发展战略"，重庆市大数据智能化产业得到了蓬勃发展，大数据智能化已逐渐成为引领经济转型升级的新引擎。2020 年 1 月，重庆市政府工作报告中提出，围绕"智慧名城"建设"云联数算用"要素集群。重庆着力推广智能化应用，

聚焦政府管理、民生服务、公共产品、社会治理、产业融合五个板块。《重庆市新型智慧城市建设方案（2019—2022年）》提出，到2022年，重庆将建成全国大数据智能化应用示范城市，城乡融合发展的智慧社会样板，并以新型智慧城市创新建设带动重庆实现新一轮跨越式发展。

2020线上智博会的成功举办，让世界对数字中国、数字重庆充满了信心和期待。重庆深入落实创新驱动发展战略，加快推动数字经济与实体经济融合发展，倾力打造"智造重镇"，建设"智慧名城"，逐步构建全新的大数据智能化产业和数字经济格局。2020年9月16日，西部（重庆）科学城在2020线上智博会上正式全面亮相。根据当时的规划，西部（重庆）科学城要建设成为具有全国影响力的科技创新中心核心区、引领区域创新发展的综合性国家科学中心、推动成渝地区双城经济圈建设高质量发展的新引擎，为重庆发展大数据、智能化产业和数字经济提供有力支撑。

处在新的历史发展机遇，重庆城市管理职业学院根据已开设的物联网应用技术、计算机网络技术、大数据技术与应用、软件技术、数字媒体应用技术等五个专业形成了数据感知与采集—数据传输—数据处理—数据计算与分析—数据展示（呈现）专业链，紧紧围绕重庆及国家大数据智能化产业需求，构建了一个较为完整的大数据智能化应用专业群。

（2）2021年立项建设时专业群面临的严峻挑战

2021年，猎聘2019年大数据人才就业趋势报告显示：中国大数据人才缺口高达150万人。随着重庆大数据智能化产业的快速发展，大数据智能化产业领域复合型、创新型、应用型人才短板更加凸显，是国家社会经济发展面临的巨大挑战，专业群人才培养能力面临严峻挑战。

①专业群建设制度体系不够完善，专业群各类标准不够健全。因此，专业群培养的人才与大数据智能化产业需求的人才存在差距。

②专业群对一专多能人才的培养，需要创新人才培养模式、强化产教融合协同育人，实现专业群建设与产业需求相匹配。

③大数据智能化产业技术迭代更新，大数据、物联网、云计算等新一代信息技术的快速发展要求专业群不断更新教学内容、提升教师专业技术能力、改革教育教学方法，确保满足大数据智能化应用产业快速发展。

4.9.2.3　组群逻辑

（1）专业群与产业链的对应性

2020年1月，重庆市政府工作报告中提出，围绕"智慧名城"，建设

"云联数算用"要素集群。重庆着力推广智能化应用，聚焦政府管理、民生服务、公共产品、社会治理、产业融合五个板块。大数据智能化应用专业群精准对接智能产业链中"大数据""人工智能""软件服务""物联网""数字内容"五大产业，围绕"云、联、数、算、用"全要素，以人民对高品质生活的追求为出发点和落脚点，关注大数据智能技术在民生服务等领域的应用，构建技术链；对应构建数据采集、数据存储、数据分析、数据展示、系统集成、系统运维、项目管理、网络工程、软件开发等信息技术岗位职业链；针对民政、健康、财经、旅游、商贸等民生产业和电子、汽车等智能制造产业人工智能应用场景，构建以物联网应用技术、计算机网络技术、大数据技术与应用、软件技术、数字媒体应用技术五个专业为主体，大数据技术与应用、物联网应用技术专业为核心的专业群，实现专业群建设与产业链人才需求深度对接，如图4-6所示。

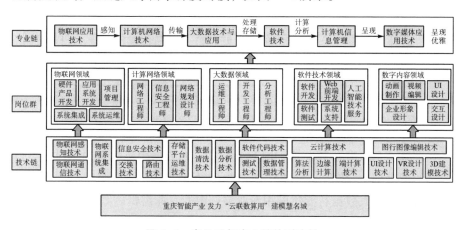

图4-6 专业群与产业链的对应性

（2）2021年立项专业群人才培养定位

针对重庆智慧城市"云、联、数、算、用"全要素的人才需求，各院校需要培养学生德、智、体、美、劳全面发展，具备应用系统开发与测试、系统集成、网络管理与维护、软件开发与运维、大数据智能化应用、信息呈现等专业技术能力，熟悉民政、健康、财经、旅游、商贸、电子、汽车等应用场景技术，具有学习能力、创新能力和可持续发展能力以适应重庆智能产业对"一岗多能、首岗适应、多岗迁移"需求。大数据智能化应用专业群人才培养定位如图4-7所示。

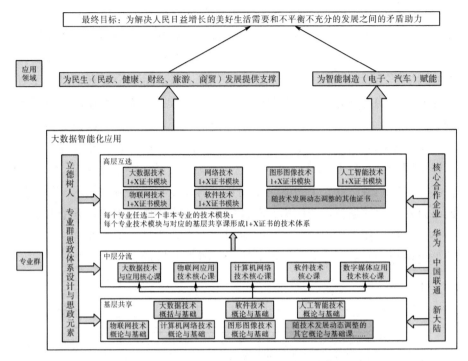

图 4-7　大数据智能化应用专业群人才培养定位

（3）群内专业的逻辑

围绕"云、联、数、算、用"全要素，大数据智能化应用全过程，以数据的"获取""传输""存储""计算""呈现""应用"全生命周期为逻辑主线来构建大数据智能化应用专业群群内的专业逻辑。

"云"是基础，云计算技术对大数据资源进行全时段集成、分析、整合、分配、预警。"联"是前提，数据共享，万物互联。"数"是资源，城市大数据集成，已经成为最重要的生产要素，推动重庆经济社会从智能向智慧转型。"算"是能力，为各行各业的智慧迭代提供最强支撑。"用"是出发点和落脚点，为民生服务、政府管理、社会治理、产业融合和生态宜居五大应用领域赋能。

物联网应用技术专业、计算机网络技术专业，负责推动感知设施、基础平台的集约共建、互联互通，实现信息系统和数据资源的整合共享，促进"设施共连、平台共用、数据共享、业务协同"，支撑"云""联"两大要素。

大数据技术与应用专业、软件技术专业、数字媒体应用技术专业，围绕数据采集领域，以信息数据资源采集应用和行业大数据创新应用为主要抓手，负责大规模异构数据融合、集群资源调度、数据清洗和质量控制等；对数据进行分析、计算，为数据分析设计基础算法，编制代码实现数据处理；重点围绕虚拟现实（VR）、增强现实（AR）、混合现实（MR）、全息成像、裸眼三维图形显示（裸眼 3D）、数字展示、交互娱乐引擎开发、文化资源数字化处理、互动影视等核心技术，推动数字内容产业融合发展，支撑"数""算"两大要素。

专业群需要通过五大专业融合，从满足市民追求高品质生活、实现个体发展、改善社会保障的现实需求出发，推动虚拟现实、大数据、人工智能技术在医疗、教育、社保、就业创业、文化、社区、扶贫等民生服务中的深度应用和融合发展，促进资源整合优化、服务流程再造和社会供给创新，营造方便快捷、普惠宜居、以人为本的智能生活环境，支撑要素"用"。

五大专业之间逻辑递进，形成有机整体。各专业既有各自鲜明技术方向，又相互关联，相互作用，密不可分。五大专业合力组成一个新的体系性大专业（专业系统），有效支撑大数据智能化应用，如图 4-8 所示。

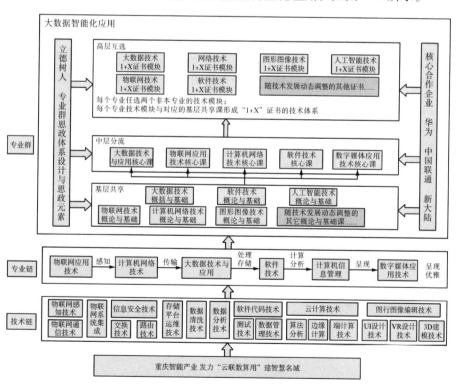

图 4-8　多专业组群逻辑

4.9.2.4　建设成效

（1）预期成效

本专业群联合政、行、企成立 ICT 职教联盟并实体化运作；联合标杆企业成立 ICT 产业学院；创新人工智能、大数据、物联网、软件及网络技术等多专业融合的人"数据+"才培养模式，构建"5351"专业群特色培养体系；建立三层次集群式项目课程体系，构建 TRACK 专业教学模式；完成活页式项目化教材编写；建成专业型、创新型、复合型的"双师型"团队，建成集产学研创于一体的 ICT 专业化的校内外实训基地，为重庆大数据智能化为引领的创新驱动发展战略行动计划提供人才支撑和智力支持。

（2）标志性成果

本专业群引进行业标杆或区域知名企业 80 家，建成省级及以上示范职教集团 1 个，有限产业学院 1 个；培养面向大数据、人工智能、软件服务、物联网、数字内容五大产业领域的复合型技术技能人才 5 000 余人；引进 2 名省级及以上领军人才，培育省级及以上学术技术带头人或名师 1 人，建设省级及以上教师教学创新团队、课程思政创新团队 1 个，教师教学能力大赛省级及以上奖项 1~2 项；省级及以上大师工作室 1 个；建成 1 门省级及以上在线开放课程，5 门校企合作开发并公开出版的活页式规划教材；孵化小微企业 20 家；每年申报专利及软件著作权 20 个，为区域产业及社会机构开展技术服务 100 项；建成重庆市 ICT 重点实验室（研究基地或中心）1 个。

到 2024 年年初，该专业群建设已超额完成了各项建设指标。

5 数字人才培养体系研究

在数字经济快速发展的背景下，在数字产业化过程中，社会对数字人才的需求呈现出多元化、高技能化的特点。随着数字技术的不断创新和应用，数字产业化对数字人才的需求日益迫切。目前，产业数字化已成为推动传统产业转型升级、提升经济竞争力的关键途径，在这一过程中，对高素质、高技能的数字人才需求愈发迫切。因此，本研究对数字人才培养体系的构建，旨在对接数字产业发展，培养数字产业化和产业数字化紧缺的高素质高技能人才。

本书以重庆城市管理职业学院的高等职业教育大数据智能化专业群为基础，实践构建数字人才培养体系，在研究过程中从两个层面体现数字化理念，一是教育向数字化转型，二是数字人才培养体系着力培养数字产业化、产业数字化人才。

本书的研究与实践成果经验可为同类研究提供参考和借鉴。

5.1 数字人才培养体系构建理念与原则

5.1.1 构建理念

创新驱动：以技术创新为核心，推动数字人才培养模式的创新，提升数字人才的自主创新能力。

需求导向：紧贴数字产业化和产业数字化的发展需求，确保人才培养与市场需求高度契合。

能力导向：注重培养数字人才的实际操作能力和解决问题的能力，提升其在数字经济领域的竞争力。

5.1.2　构建原则

系统性：构建涵盖课程设置、实践教学、师资建设、评价体系等多方面的系统性培养体系。

实践性：强化实践教学环节，通过校企合作、产教融合等方式，提升学生的实践能力和职业素养。

开放性：保持培养体系的开放性，积极引进国内外优质教育资源，加强与国际数字人才培养机构的交流和合作。

5.2　数字人才培养体系构建的要素

在加快数字人才培育、支撑数字经济发展的时代背景下，如何构建一个科学、高效、全面的数字人才培养体系成为关键。这一体系需要围绕构建生态专业群、搭建产教融合平台、创新人才培养模式以及推进数字化"三全育人"等核心要素展开，确保数字人才的供给与数字经济的高质量发展需求相匹配。

5.2.1　构建生态专业群

数字人才培养体系的构建首先需要立足构建完善的生态专业群。这要求高等教育与职业教育紧密对接数字产业发展趋势，调整和优化专业设置，形成覆盖大数据、人工智能、智能制造、集成电路、数据安全等关键领域的专业体系。专业群可通过跨学科交叉融合，培养具备多学科知识背景和创新能力的复合型人才，为数字经济的多元化发展提供坚实的人才支撑。

5.2.2　搭建产教融合平台

产教融合是提升数字人才培养质量的重要途径。各院校应充分利用企业、行业协会等多方资源，共同搭建数字技能实训基地、创新中心、产业学院等产教融合平台。通过工学交替、项目合作、实习实训等形式，让学生在实际工作环境中提升能力，实现教育与产业的深度融合。同时，鼓励企业参与数字人才培养标准的制定和评价，确保人才培养与市场需求高度契合。

5.2.3 创新人才培养模式

数字人才培养需要不断创新人才培养模式，以适应快速变化的数字技术和市场环境。各院校应推广"订单式""定制式"人才培养模式，根据企业需求定制化培养数字技能人才。同时，各院校探索实施"双元制""现代学徒制"等培养模式，加强学校与企业的紧密合作，共同承担人才培养任务。此外，各院校还应注重培养学生的自主学习能力和创新思维，鼓励学生参与科研项目、创新创业实践等活动，提升学生的综合素质和竞争力。

5.2.4 推进数字化"三全育人"

数字化"三全育人"即全员数字化育人、全过程数字化育人、全方位数字化育人，是数字人才培养体系中的重要理念。各院校应通过搭建数字化教学平台、开发数字化教学资源、实施数字化教学管理等手段，实现教学过程的全面数字化。同时，将数字素养融入人才培养全过程，从课程设置、教学方法、评价方式等方面入手，全面提升学生的数字技能和应用能力。此外，各院校还应注重培养学生的团队协作精神、跨文化交流能力等非技术素质，以适应数字经济的国际化发展趋势。

综上所述，构建数字人才培养体系需从构建生态专业群、搭建产教融合平台、创新人才培养模式、推进数字化"三全育人"等方面入手。通过这些措施的实施，将有效提升数字人才培养的质量和效率，为数字经济的高质量发展提供有力的人才保障。

5.3 专业群数字人才培养定位

在高等职业教育专业群数字人才培养体系的构建中，精准定位人才培养方向是确保教育质量与市场需求高度契合的关键。本专业群致力于培养适应数字经济时代需求的复合型、创新型和应用型数字人才。具体而言，本专业群的定位聚焦以下几个方面：

首先，本专业群需要瞄准数字产业化的前沿领域，如大数据、云计算、人工智能、物联网等，通过优化课程设置和教学内容，使学生掌握扎实的理论基础和前沿技术，成为能够引领技术创新和产业变革的领军人物。

其次，本专业群关注产业数字化的深度融合，针对传统产业转型升级的迫切需求，培养能够运用数字技术解决实际问题、推动传统产业转型升级的高素质技能人才。这些人才需具备跨学科的知识结构和创新思维，能够灵活运用数字技术优化生产流程、提升管理效率、拓展市场空间。

最后，我们还要注重培养学生的数字素养和综合能力，包括数据分析、信息处理、团队协作、跨文化交流等能力，以适应数字经济时代的全球化竞争和合作。各院校通过构建生态化的专业群、搭建产教融合平台、创新人才培养模式以及推进数字化"三全育人"，致力于培养出一批既懂技术又懂市场、既会创新又会协作的数字精英，为数字经济的蓬勃发展提供坚实的人才支撑。

5.4　重庆城市管理职业学院专业概况

5.4.1　学校概况

重庆城市管理职业学院是由重庆市人民政府举办、民政部与重庆市人民政府签约共建的公办全日制普通高等职业院校，是全国文明校园、中国特色高水平专业群（A 档）建设单位、国家示范性骨干高职院校、国家优质专科高职院校、全国职业教育先进单位、全国普通高校毕业生就业工作先进集体、国家技能人才培育工作作出突出贡献单位、教育部职业院校教学诊断与改进工作试点院校、重庆市首批市级示范性高职院校、重庆市优质高职院校。

重庆城市管理职业学院始建于 1984 年，原为民政部创办的重庆民政学校，2001 年 3 月升格为重庆社会工作职业学院，2006 年 3 月更名为重庆城市管理职业学院。重庆城市管理职业学院现有大学城和荣昌两个校区，校园占地面积 1 600 余亩（1 亩≈666.67 平方米）。学校教学、实验实训条件一流，建有 22 个校内实践教学基地（中心）、187 间实验实训室。重庆城市管理职业学院获批首批国家级职业教育示范虚拟仿真实训基地 1 个，建有重庆市养老产业人才培养公共实训基地，建有中央财政支持的实训基地

1个、市级财政支持的实训基地 7 个，立项建设重庆市职业院校实训基地项目 1 个。图书馆藏书 193.7 万册，报刊 600 余种，建有重庆一流的数字化校园。

重庆城市管理职业学院现有马克思主义学院、民政与社会治理学院、商学院、大数据与信息产业学院、智能工程学院、数智财经学院、文化与旅游学院、智慧康养学院、通识教育学院和继续教育学院等 10 个二级学院，招生专业 44 个，面向 31 个省（自治区、直辖市）招生，在校学生 15 000 余人。

重庆城市管理职业学院现有教职人员 1 000 余人，其中副高级及以上职称 302 人，聘请 300 余名行业专家、企业能工巧匠担任兼职教师。重庆城市管理职业学院拥有国家级职业教育教师教学创新团队 1 个，教育部首批课程思政教学团队 1 个，重庆市职业教育教师教学创新团队 1 个、重庆市名师工作室 2 个、重庆市高校"黄大年式"教师团队 2 个，重庆市级首席技能大师工作室 1 个、重庆市高校课程思政教学团队 3 个、重庆市级博士后科研工作站 1 个、世界技能大赛奖牌获得者 2 人、全国优秀教师 1 人、全国技术能手 8 人、全国青年岗位能手 2 人、全国五一巾帼标兵 1 人，全国五一劳动奖章 1 人、重庆人才计划 9 人、重庆市首批职业教育中青年领军人才培养计划 2 人、重庆市会计领军人才 1 人、重庆技能大师 2 人、巴渝特级技师 2 人、重庆市高校中青年骨干教师 2 人、巴渝青年技能之星 1 人、重庆市杰出英才奖 1 人、重庆五一劳动奖章 2 人、重庆青年五四奖章 1 人、重庆市教书育人楷模 3 人、重庆市黄炎培职业教育奖杰出教师 2 人、重庆市新时代好老师 2 人、重庆市辅导员年度人物 1 人、重庆市高校思想政治理论课教师年度人物 1 人、重庆市高校优秀辅导员 3 人、重庆市高校优秀思想政治教育工作者 3 人、重庆市青年岗位能手 3 人、重庆市最美教师 1 人、最美巴渝工匠 3 人。教师教学、科研成果丰硕，获得国家级教学成果一等奖 1 项、二等奖 7 项和市级教学成果一等奖 6 项，建有国家级、市级重点建设专业 26 个，国家级专业教学资源库 1 个，市级专业教学资源库 4 个，国家级精品在线开放课程 2 门，教育部课程思政示范课程 1 门，省部级精品在线开放课程及一流课程 40 门，国家级规划教材 17 部，教师连续 3 年斩获全国职业院校技能大赛教学能力比赛一等奖。

重庆城市管理职业学院围绕服务国家需要、市场需求、学生就业能力提升，推进人才培养模式、评价模式改革，入选首批"1+X"证书制度试点院校。重庆城市管理职业学院深化政校行企合作，成立学校合作发展理事会，牵头成立了重庆现代服务业职业教育集团等 3 个职教集团、重庆市生物医药产教联合体、全国智慧社会工作产教联合体等 3 个行业产教融合共同体，与 500 多家政府机构、行业协会、企事业单位建立深度合作关系，建有现代产业学院 7 个。重庆城市管理职业学院大力推进工学结合、订单培养，积极开展项目导向、任务驱动教学改革，形成以能力本位、素质教育、可持续发展为理念，以工学结合为途径，以促进学生全面发展和可持续发展的第一课堂学习与第二课堂实践结合、学校文化与企业文化结合、学业成长与职业成长结合的"三个结合"人才培养模式。大力推进素质教育和创新创业教育，着力培养学生良好的职业道德、熟练的职业技能和科学的创新精神，人才培养质量显著提高，新生报到率、毕业生去向落实率、创业率位居重庆市高等职业院校前列。

重庆城市管理职业学院拥有国家社会工作专业人才培训基地、全国社会组织教育培训基地、全国民政政策理论研究基地、民政部西部民政社会工作培训中心、教育部民政社会工作"双师型"教师培养培训基地、重庆市干部教育高校基地、重庆市高技能人才培训基地、重庆市专业技术人员继续教育基地、重庆市社会工作人才培训基地、重庆市中等职业教育师资培训基地、重庆市新职业从业人员职业培训机构等多个国家级、市级培训平台，是国家职业技能鉴定所、国家民政行业特有工种职业技能鉴定站、国家职业核心能力培训认证培训测评点、重庆市第三方社会培训评价组织。近三年，重庆城市管理职业学院开展各级各类培训 14 万余人次，开展各类鉴定、评价近 4 000 人次，被评为全国终身教育实验校、重庆市示范性继续教育基地、重庆市示范性社区教育基地、重庆市示范性职工培训基地。

重庆城市管理职业学院大力推进国际化办学战略，形成了"五位一体"国际化发展模式。近年来，重庆城市管理职业学院与德国、南非等 30 余个国家的高校和教育机构开展合作与交流。重庆城市管理职业学院牵头搭建 3 个国际合作平台，承建重庆市教委 3 个海外教师工作站，设立职业教育中心、熊猫学院、中文学习测试中心等境外机构 30 余个，组织对外交流师生人数 1 000 多人次，师生获得国际化奖项 120 余项。2011 年重庆城市管理职业学院在重庆高职中率先招收国际学生，截至 2023 年年底共接收学历留学生、长短期研修生 1 628 名，境外培训本土人才 14 374 名。重庆城市管理职业学院开设 1 个中外合作办学项目。重庆城市管理职业学院国际化工作成效好，受到马达加斯加共和国等多国政府官员的充分肯定，收到泰国等政府、企业感谢信 17 封，境外媒体报道 27 次并受邀在 2023 年世界中文大会（北京）等论坛上做经验分享 34 次。重庆城市管理职业学院是重庆市教育国际合作与交流先进单位、国际化综合奖补项目单位、国际化特色项目立项单位，作为重庆高职唯一院校连续三年荣获"国际影响力50 强"荣誉。重庆城市管理职业学院 2022 年成功入选第五批"中国—东盟高职院校特色合作项目"和教育部国际司"中德先进职业教育合作项目首批试点院校"，2023 年获批全国第一批"中国-东盟职业教育卓越合作伙伴"荣誉。重庆城市管理职业学院职业教育国际化工作头雁效应不断彰显。

重庆城市管理职业学院坚持落实立德树人根本任务，突出加强党建与思想政治工作，在全国高职院校中具有广泛影响，2016 年作为重庆市属高校的唯一代表（全国 9 所高职院校之一）参加全国高校思想政治工作会议，2017 年当选为全国高职高专院校思想政治理论课建设联盟副会长单位，2018 年作为全国高职院校的唯一代表参加教育部高校党建质量提升攻坚行动新闻发布会并交流发言，2019 年作为全国高职院校唯一代表参加第26 次全国高校党的建设工作会议并交流发言，2022 年获批教育部高校思想政治工作创新发展中心。重庆城市管理职业学院是全国文明校园、重庆市文明校园、重庆市文明单位、重庆市"三全育人"综合改革试点高校，建有重庆市唯一的新时代文明实践研究院。

面对现代职业教育千帆竞发、百舸争流之势，重庆城市管理职业学院将不忘初心、牢记使命，深入学习贯彻习近平新时代中国特色社会主义思想，落实立德树人根本任务，坚持面向产业的开放意识、联系企业的合作意识、工学结合的培养意识、对接区域的服务意识、促进就业的民生意识、应用研究的学术意识，立足现代民政，服务智慧民生，对接产业端，赋能城市发展，培养现代服务业和社会公共服务需要的德、智、体、美、劳全面发展的高素质技术技能人才，努力建设特色鲜明、全国一流、国际知名的高水平职业大学。

5.4.2 学院专业概况

重庆城市管理职业学院大数据与信息产业学院坚持以习近平新时代中国特色社会主义思想为指导，全面贯彻党的教育方针，坚持社会主义办学方向，落实立德树人根本任务，践行"敬业、精益、专注、创新"的工匠精神，实施以"群"建"院"的专业发展模式，以专业群对接信息产业，以专业链对接技术链，培养全面了解云计算、大数据、计算机网络、物联网、软件、人工智能等信息技术，精通本专业核心技术，基本掌握专业群内其他信息技术的高素质高技能人才。

重庆城市管理职业学院是国家计算机技能型紧缺人才培养基地、重庆市特色化示范性软件学院、重庆市大数据与智能制造专业群校企合作示范单位、重庆市高水平工业机器人技术专业群建设单位、重庆市软件技术"信创云"产教融合实训基地。现开设有物联网应用技术、大数据技术应用、计算机网络技术、软件技术、数字媒体应用技术、人工智能技术应用专业。

人工智能技术应用专业是国家战略人才急需专业、中国电子系统技术有限公司共建专业；软件技术专业是国家紧缺型人才培养基地、中央财政专项资金支持建设专业、教育部现代学徒制试点专业、重庆市高水平工业机器人技术专业群建设专业、中国电子系统技术有限公司共建专业；大数据技术与应用专业是国家战略人才急需专业、重庆市高水平工业机器人技术专业群建设专业、华为 ICT 学院重点建设专业；计算机网络技术专业是国家骨干院校重点建设专业群专业、重庆市教改试点专业、华为 ICT 学院重点建设专业；物联网应用技术专业是国家骨干院校重点建设专业群专业、华为 ICT 学院重点建设专业；数字媒体应用技术专业是现代学徒制项目推广专业、校级重点专业群建设专业。

重庆城市管理职业学院目前拥有大数据智能化、重庆市高水平工业机器人技术两个专业群，随着重庆城市管理职业学院教育"十四五"规划的发展，未来会逐步申办职业本科专业，届时将根据专业发展进行动态调整。

重庆城市管理职业学院通过校企师资互聘，组建了专兼结合的高质量教学团队。现有专、兼职教师 160 余人，专任教师中教授、副教授、高级工程师占 60%，博士、硕士占 95%。同重庆市教委、重庆市人社局、重庆市大数据应用发展管理局、重庆市科协、中国电子、华为技术有限公司、中国联通等企事业单位开展产学研服务项目 50 余个，发表学术论文 200 余篇，开发教材 30 余门。

重庆城市管理职业学院现有在校生规模 2 959 人，近三年新生平均报到率达 96%；各专业就业情况良好，近三年毕业生平均就业去向落实率达 96%。

重庆城市管理职业学院主动对接战略性新兴产业发展趋势和市场需求，全面融入成渝地区双城经济圈建设和中国西部（重庆）科学城建设，积极开展校企深度融合。重庆城市管理职业学院与中国电子系统技术有限公司合作，共建信创数字经济产业学院，从人才培养、课程、教学内容、教师团队等方面引进中国电子相关资源，培养信息技术应用创新人才；在课程建设方面，引入智能技术和企业软件生产流程，搭建"云上实训"平台，优化实训教学条件；引进中国电子云信创数字校园底座，成立"信创"软件技术实训室，编制工作手册式实训教材，构建了三层架构实训师资体系；与华为技术有限公司深度合作，共建华为 ICT 学院，全面引入华为线上课程资源和证书培训体系；整合校企双方优势资源，重点打造就业生态，通过华为 ICT 学院运营，探索"产学研'三位一体'共融共生产教融合"及"岗课赛证"等高职教育教学创新的特色模式；通过引入华为 HCIA、HCIP、HCIE 的初、中、高职业资格认证体系，形成多维度的职业资格证书人才培养模式，培养支撑民族 ICT 产业的数字化人才。

本书的高等职业教育专业群数字人才培养体系的研究是基于本学院的专业及专业群进行展开研究与实践，并形成研究成果及研究结论。

5.5　构建数字人才培养体系框架

党的二十大报告提出，实施科教兴国战略，强化现代化建设人才支撑，培养造就大批德才兼备的高素质人才，是国家和民族长远发展大计，我们要坚持教育优先发展、科技自立自强、人才引领驱动推进职普融通、产教融合、科教融汇，优化职业教育类型定位，为贯彻党的二十大精神，中共中央办公厅、国务院办公厅印发了《关于深化现代职业教育体系建设改革的意见》。与此同时，重庆市也在大力推动成渝地区双城经济圈建设，让大数据智能化更好地为经济赋能、为生活添彩。针对信创产业，国家提出了"2+8+N"应用体系，强调科技自立自强及本土科技创新，国家及地方产业发展急需大量大数据智能化的高素质、高技能的数字人才。在此背景下，基于信创产业生态的数字化人才培养是科教兴国战略，强化现代化建设的重要支撑。

本书的数字化人才培养体系秉承"三全育人"理念，依托重庆城市管理职业学院的国家"双高计划"、重庆市"双高计划"、重庆市特色化示范性软件学院等重点建设项目，构建以"1331N 信创化+数字化"产教融合平台为保障，以"数字赋能专业融合的 5351 专业群结构"为育人载体，以"数字化'三全育人'实施现代职业教育体系重点建设任务"为实施手段的基于信创产业生态的大数据智能化专业群数字化人才培养体系。专业群数字人才培养体系框架如图 5-1 所示。

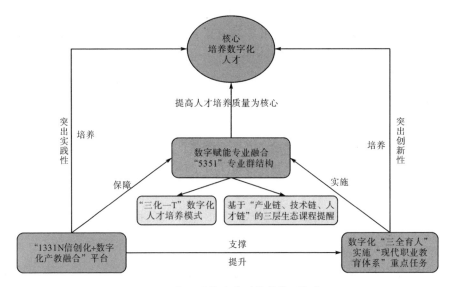

图 5-1　专业群数字人才培养体系框架

5.6　数字人才培养体系解决的核心问题

本书的研究团队在基于重庆城市管理职业学院优质建设、"双高计划"建设、特色化示范性软件学院建设等教学改革假设项目的基础上，利用

"信创化+数字化"的教育数字化手段构建了基于信创产业生态的大数据智能化专业群数字人才培养体系，系统解决了大数据智能化专业群数字人才培养过程中存在的三个"缺乏"问题：一是数字人才培养缺乏真实实践环境的问题，二是数字人才培养缺乏专业融合发展的问题，三是数字人才培养缺乏有效实施手段的问题。

5.6.1 数字人才培养缺乏真实实践环境

在探讨数字人才培养缺乏真实实践环境的问题时，我们不得不正视产教融合平台作为连接教育与产业的关键纽带所扮演的重要角色。当前，尽管许多高等职业院校已意识到产教融合的重要性，但在实际操作中，仍面临诸多挑战，如企业参与度不高、合作机制不健全、资源分配不均等，这些都直接导致了有效产教融合平台的缺失。

首先，企业参与度不足是制约产教融合平台建设的首要因素。由于企业在追求经济效益的同时，往往难以看到短期内的直接回报，因此企业缺乏足够的动力投入资源到教育合作中。为解决这一问题，政府应出台更多激励政策，如税收优惠、资金补贴等，以激发企业的积极性。同时，学校也应主动出击，通过提供定制化培训、联合研发等方式，增强与企业的合作黏性。

其次，合作机制的不健全也是导致产教融合平台难以有效运行的原因之一。当前，许多校企合作项目仍处于浅层次的合作阶段，如简单的实习实训、讲座交流等，缺乏深层次的合作机制，如共建实验室、联合培养基地等。为此，学校和企业应共同探索建立长效合作机制，明确双方的权利与义务，确保合作项目的持续性和稳定性。

最后，资源分配不均也是影响产教融合平台建设的重要因素。不同院校、不同专业的资源禀赋存在差异，导致在产教融合过程中，部分院校和专业能够获得更多的资源支持，而另一部分院校和专业能够获得的资源则相对匮乏。为解决这一问题，政府应加大对教育资源的统筹力度，通过政策引导和市场机制，促进资源的优化配置和共享。

在构建产教融合平台的具体策略上，我们可以从以下四个方面入手：一是建立校企联合研发中心，聚焦行业前沿技术，开展联合攻关，推动技术创新与产业升级；二是共建实习实训基地，为学生提供真实的职业环境，提高其实践能力和职业素养；三是开展订单式人才培养，根据企业需求定制人才培养方案，实现人才培养与产业需求的精准对接；四是加强师资队伍建设，通过引进企业专家、派遣教师到企业挂职锻炼等方式，提升教师的实践能力和教学水平。

5.6.2　数字人才培养缺乏专业融合发展

随着产业数字化和数字产业化的深入发展，跨专业融合已成为数字人才培养的必然趋势。然而，在实际操作中，我们仍面临诸多挑战，如专业壁垒难以打破、课程体系设置不合理、教学资源分配不均等。

首先，专业壁垒的存在是制约跨专业融合的首要因素。不同专业之间往往存在知识体系和思维方式的差异，导致学生在跨专业学习时难以适应。为此，我们需要通过课程改革和教学方法创新，打破专业壁垒，促进不同专业之间的交流与融合。例如，各院校可以开设跨学科课程模块，鼓励学生选修其他专业的核心课程；采用项目制、案例式等教学方法，让学生在解决实际问题的过程中，综合运用不同专业的知识和技能。

其次，课程体系设置的不合理也是影响跨专业融合效果的重要因素。当前，许多院校的课程体系仍过于注重专业知识的深度挖掘，而忽视了跨学科知识的广度拓展。为此，各院校需要对课程体系进行重构和优化，提高跨学科课程比例，构建以能力培养为核心的课程体系。同时，各院校还应增加实践教学环节，让学生在实践中体验跨学科知识的应用和价值。

最后，教学资源分配不均也是跨专业融合发展的瓶颈之一。由于不同专业的资源禀赋存在差异，导致在跨专业融合过程中，部分专业能够获得更多的资源，而另一部分专业能够获得的资源则相对匮乏。为此，我们需要加强教学资源的统筹和共享，通过建设跨学科教学资源库、开展跨学科教学研讨等方式，促进教学资源的优化配置和高效利用。

在探索跨专业融合路径的过程中，我们还应注重培养学生的综合素质和创新能力。通过加强与企业、科研机构的合作与交流，拓宽学生的国际视野。

5.6.3　数字化人才培养缺乏有效实施手段

在信息技术快速发展的今天，教育数字化已成为提升教学质量、优化学习体验的重要手段。然而，在数字人才培养的具体实施过程中，我们仍面临实施手段单一、效果不佳等问题。为此，我们需要深化教育数字化改革，探索数字化"三全育人"实践路径。

首先，在教育数字化改革方面，我们应充分利用新一代信息技术手段，如大数据、人工智能、云计算等，建立智慧教育生态系统。通过搭建数字化教学平台、开发优质数字化教学资源、推广智能化教学工具等方式，实现教学过程的数字化、智能化和个性化。同时，各院校还应加强针对教师信息技术应用能力的培训，提升教师的数字化教学能力和水平。

其次，在"三全育人"实践方面，我们应坚持全员数字化育人、全程数字化育人、全方位数字化育人的理念，将思政教育、专业教育、创新创业教育等有机融合起来。通过构建多元化育人体系、加强校园文化建设、拓宽社会实践渠道等方式，营造良好的育人环境和氛围。同时，各院校还应注重学生的个性化发展和全面素质提升，通过开设选修课程、组织社团活动、开展志愿服务等方式，丰富学生的课余生活和社会实践经验。

最后，在解决目前数字人才培养缺乏有效实施手段的问题上，我们还应注重评价体系的改革和创新。通过建立科学合理的评价体系和激励机制，激发学生的学习积极性和创造力；通过加强教学质量监控和反馈机制，确保教育数字化改革和"三全育人"实践的有效推进。

5.7 数字人才培养体系实证研究

5.7.1 "1331N"数字化产教融合平台建设与实践

5.7.1.1 数字化产教融合平台建设的必要性和意义

在当今数字经济迅猛发展的背景下，信创产业作为维护国家信息技术自主可控的关键力量，其重要性日益凸显。然而，信创数字人才的培养面临严峻挑战，尤其是缺乏真实、有效的实践环境。为了解决这一难题，我们积极探索并搭建了"1331N 信创化+数字化"产教融合平台，旨在通过深度校企合作，为信创数字化人才的培养提供全方位、多层次的支持。

随着全球信息技术产业的快速发展，信创产业作为维护我国信息技术自主可控的重要领域，其战略地位日益凸显。我国信创产业在发展过程中，面临核心技术受制于人、人才储备不足等问题。其中，信创数字化人才的短缺问题尤为突出，尤其是缺乏具备实战经验和创新能力的高素质人才。因此，如何构建一个符合信创产业发展需求的人才培养体系，成为亟待解决的问题。

"1331N 信创化+数字化"产教融合平台旨在解决信创数字化人才培养中缺乏真实实践环境的问题，推动信创产业的快速发展。在"1331N 信创化+数字化"产教融合平台的持续推动下，我们致力于构建一个全方位、多层次、立体化的信创数字化人才培养生态。这一生态不仅涵盖了教育教学、科研创新、实践实训等环节，还深度融合了产业链、创新链、教育链和人才链，形成了强大的协同效应和内生动力。

传统教育模式以理论教学为主，缺乏实践环节，导致学生难以将所学知识应用于实际工作中。此外，传统教育模式在教学内容、教学方法等方面也存在滞后性，难以跟上技术发展的步伐。因此，改革传统教育模式，构建符合数字经济时代需求的人才培养体系，成为教育领域的迫切需求。

数字化则是推动经济社会发展的重要力量，通过数字化手段可以实现资源的优化配置和高效利用。因此，将信创化与数字化相结合，搭建综合性的人才培养平台，对培养适应数字经济时代需求的复合型人才具有重要意义。

5.7.1.2 平台建设的历程

（1）初期建设阶段

2019 年 4 月，重庆城市管理职业学院启动了"1331N 信创化+数字化"产教融合平台的初期建设工作。在这一阶段，校企联合投入 1 600 万元，与华为技术有限公司携手共建"华为 ICT 学院"，并与华为技术有限公司、中国联通等知名企业共同建设了产教融合型实训基地。该实训基地规模达 3 500 余平方米，配备了先进的信息技术设备和教学设施，为信创数字化人才的培养提供了坚实的物质基础。

（2）深化合作阶段

为了进一步推进信创数字化人才培养工作，重庆城市管理职业学院在 2021 年 12 月引入了中国电子系统技术有限公司作为新的合作伙伴。双方共同投入 2 175 万元，开启了平台建设的深度合作阶段。在这一阶段，重庆城市管理职业学院不仅巩固了与华为技术有限公司、中国联通等企业的合作基础，还与中国电子系统技术有限公司在信创技术研发、人才培养等方面展开了深入合作，为平台的持续发展注入了新的动力。

5.7.1.3 平台的架构

经过初期的建设和深化合作阶段的努力，"1331N 信创化+数字化"产教融合平台逐渐形成了完善的架构和功能体系。该平台主要包括 1 个信创产教融合研究院、3 个研究中心（教育教学与资源中心、信创产教融合实践与实训中心、产教融合科教融汇创新中心）、3 个基地建设（软件技术信创云产教融合实训基地、信创人才培训基地、信创生态适配基地）、1 个智慧信创云底座以及多个行业产教融合共同体和市域产教联合体。这些组成部分相互支撑、相互促进，共同构成了一个完整的人才培养生态系统，如图 5-2 所示。

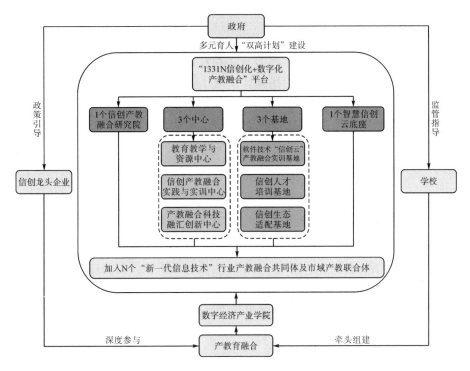

图 5-2　数字化产教融合平台

（1）信创产教融合研究院

信创产教融合研究院是平台的核心组成部分之一。该研究院以提高信创产业高端研究能力为目标，致力于增强科研能力和服务企业产研需求的创新服务能力。通过信创产教融合研究院的搭建，我们成功搭建了一个集科研、教学、产业于一体的综合性研究平台，为信创数字化人才的培养提供了强有力的智力支持。

在研究院的运营过程中，我们注重与企业的紧密合作，共同开展对前沿技术研究和应用示范项目。同时，我们还积极搭建科教融汇育人平台，通过举办学术研讨会、技术培训班等活动，促进产、学、研、用深度融合和人才培养质量的持续提升。

（2）教育教学与资源中心

教育教学与资源中心是平台的重要组成部分之一。该中心以对标产业链打造大数据智能化数字化人才培养高水平专业群为目标，致力于构建完善的教育教学资源体系。该中心通过整合校内外优质教育资源，成功开发了一系列符合信创产业发展需求的专业课程和实践项目，为学生提供了丰富多样的学习选择和实践机会。

此外，我们还注重教育资源的共享和开放。我们采取搭建在线教育平台、建立数字化教学资源库等措施，实现了教育资源的跨校共享和远程教学服务覆盖。这不仅提高了教育资源的利用效率和质量水平，还为学生提供了更加便捷高效的学习方式和途径。

（3）信创产教融合实践与实训中心

信创产教融合实践与实训中心是平台的重要实践基地之一。该中心致力于为学生提供贴近企业实际的实践机会和平台支持。该中心通过引入企业真实项目和技术案例等方式，成功搭建了一个集教学、实训、科研于一体的综合性实践平台。

在信创产教融合实践与实训中心的运营过程中，我们注重与企业的紧密合作和互动交流。通过组织企业导师进校园、学生进企业实习等活动形式，我们实现了校企双方的深度合作和资源共享。这不仅提高了学生的实践能力和职业素养，还为企业输送了大量高素质、高技能的信创数字化人才。

（4）产教融合科教融汇创新中心

产教融合科教融汇创新中心是平台中推动科研与教学深度融合、促进技术创新与成果转化的关键环节。该中心以提升校企科研创新能力为核心，通过搭建跨学科、跨领域的科研合作平台，促进产、学、研、用深度融合，形成科教融合的良性循环。

该中心汇聚了来自学校、企业和科研机构的顶尖专家和学者，共同开展前沿技术研究和应用创新。该中心通过设立联合实验室、研发中心等机构，不仅承担了信创产业核心技术攻关的任务，还积极探索新技术、新模式、新业态在信创领域的应用和推广。这些研究成果不仅丰富了教学内容，提升了教学质量，还为企业提供了强有力的技术支持和解决方案，推动了信创产业的快速发展。

此外，该中心还注重教育资源的转换与共享。该中心通过开发专业核心课程、实践能力项目和教学装备，将科研成果转化为教学资源，实现了科研与教学的相互促进和有机融合。同时，该中心还积极推广这些教学资源，为更多高校和企业提供了优质的教育和培训服务。

（5）三个基地建设

软件技术新创云产教融合实训基地：该基地以软件技术为核心，结合信创产业需求，建立了集教学、实训、研发于一体的综合实训基地。该基地通过引入企业真实项目和技术案例，学生在这里可以接触到最前沿的软件技术和信创解决方案，提升其实践能力和创新能力。

信创人才培训基地：该基地专注于信创数字化人才的培养和培训工作。该基地通过开设专业培训课程、组织技能竞赛等，为学生提供了全面的学习和成长平台。同时，该基地还与企业合作开设订单培养和学徒制培养项目，确保学生毕业后能够迅速适应企业需求，成为合格的信创数字化人才。

信创生态适配基地：该基地致力于信创生态系统的适配和测试工作。该基地通过搭建信创软、硬件适配平台，为信创产业链上下游企业提供了全面的适配和测试服务。这不仅有助于降低企业研发成本、缩短时间周期，还促进了信创生态系统的完善和发展。

（6）智慧信创云底座

智慧信创云底座是平台的技术支撑和智能运行管理体系。通过部署"中国电子云"产品，我们成功搭建了一个高效、安全、智能的云计算平台。该平台不仅为平台的各个组成部分提供了稳定可靠的运行环境和数据存储服务，还通过智能分析和优化算法实现了资源的优化配置和高效利用。同时，智慧信创云底座还具备强大的可扩展性和可定制性。随着信创产业的不断发展和变化，我们可以根据实际需求对平台进行灵活调整和优化升级。这不仅保证了平台的持续发展和竞争力提升，还为信创数字化人才的培养提供了更加先进和完善的技术支持。

（7）行业产教融合共同体与市域产教联合体

通过多个新一代信息技术行业产教融合共同体和市域产教联合体，我们成功汇聚了来自不同领域和地区的产教资源。这些共同体和联合体不仅为我们提供了丰富的行业信息和市场需求反馈，还为我们搭建了与企业、科研机构等各方合作的桥梁。

在新一代信息技术行业产教融合共同体和市域产教联合体的框架下，我们共同制定了教学评价标准、开设了专业核心课程与实践能力项目、研制推广了教学装备等。这些举措不仅提升了我们的教学质量和科研水平，还促进了产、学、研、用深度融合和人才培养质量的持续提升。同时，我们还与企业开展了联合招生、委托培养、订单培养和学徒制培养等多种形式的合作。这些合作不仅为学生提供了更多元化的学习和发展机会，还为企业输送了大量高素质、高技能的信创数字化人才。这些人才在企业的实际工作中发挥了重要作用，推动了信创产业的发展壮大。

5.7.1.4 数字化产教融合平台建设与实践核心作用

数字化产教融合平台的建设成效显著，通过以上平台，解决了数字化人才培养缺乏真实实践环境的问题。不仅深刻改变了传统教育与产业融合的模式，还极大地促进了教育资源的合理配置与高效利用，为培养符合市场需求的高素质技能型人才开辟了新路径。

首先，数字化产教融合平台通过集成云计算、大数据、人工智能等先进技术，实现了教育内容与产业需求的精准对接。企业可以实时发布岗位需求、技能标准及项目案例，而教育机构则能据此调整课程设置、教学内容及实践环节，确保学生所学即所用，有效缩短了校园和职场的距离。这种动态调整机制，极大地提升了教育的针对性和实效性。

其次，数字化产教融合平台促进了教学方式的创新。该平台支持线上线下混合式教学、虚拟仿真实验、远程协作等多元化教学模式，为学生提供了更加丰富、灵活的学习体验。学生可以在虚拟环境中模拟真实工作场景，进行实践操作和问题解决，使学生既增强了学习兴趣，又提高了实践能力和创新能力。同时，该平台还提供了个性化学习路径规划，根据学生的学习进度和能力，推送定制化的学习资源，实现了因材施教。

最后，该平台在促进产学研深度融合方面发挥了重要作用。该平台通过搭建产、学、研合作桥梁，促进了高校、科研机构与企业之间的紧密合作，共同开展技术研发、产品创新、人才培养等合作项目。这种合作模式不仅加速了科技成果的转化应用，还为企业输送了大量具有创新精神和实践能力的人才，推动了产业升级和经济社会发展。

5.7.2 深化数字化人才培养模式研究与实践

"5351"专业群结构实现了专业融合发展，深化了数字化人才培养模式研究与实践，解决了数字化人才培养缺乏专业融合发展的问题。

5.7.2.1 构建"5351"大数据智能化专业群

重庆城市管理职业学院以习近平新时代中国特色社会主义思想为指导，坚持立德树人根本任务，为重庆智能化产业创新驱动发展战略、重庆的"33618"现代制造业集群体系提供更多高素质技术技能、能工巧匠、大国工匠的数字化人才支撑，构建了数字赋能、跨专业融合的"5351"专业群结构，培养了一批跨专业的复合型数字技术技能型人才，如图5-3所示。

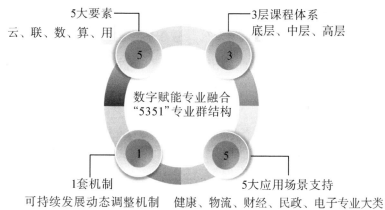

图5-3 数字赋能、跨专业融合的"5351"专业群结构

5.7.2.2 "三化一T"创新型数字化人才培养模式

重庆城市管理职业学院为满足重庆智慧城市"云、联、数、算、用"全要素的人才需求，基于信创产业生态的数字化产教融合平台，开发模块化项目教学资源，研究和探索出"三化一T"数字化人才培养模式，如图5-4所示。

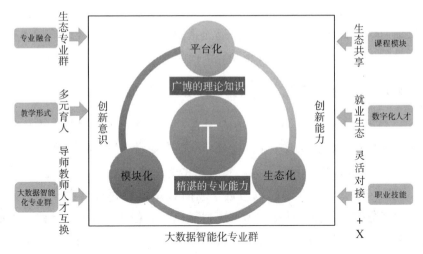

图 5-4 "三化—T"数字化人才培养模式

"三化—T"型数字化人才培养模式的内涵包含以下三个方面内容：

（1）"三化"的内涵

"三化"是指人才培养模式具备平台化、模块化、生态化的特点。其主要体现在三个方面：教学资源及公共服务平台化，课程模块涉及的专业技术方向平台化；课程设置模块化；专业群的生态化。

专业群教学资源平台化是指构建智能信息化教学平台使教师使用相关课程资料、课程资源能够有效利用信息化平台；打造专业群公共服务平台，提供社会服务。一方面要搭建好信息化教学平台，另一方面要搭建好管理和资源平台，要有一套完整的教学质量管理平台、帮助教师成长的平台和专业群动态调整优化与升级的平台。

高水平的专业群按照课程设置模块化的思路构建课程体系，课程设置以落实立德树人根本任务，基本构建思路包括公共基础课程模块、专业群基础课程模块、专业技术平台课程模块、专业方向课程模块、T型高层互选模块以及拓展学习课程模块。

专业群对接产业发展，生态化主要体现在这四个方面：一是 IT 通过专业融合实现各专业生态组合，生态发展；二是教学多样化，校企合作多元育人、生态培养；三是课程模块生态共享；四是培养拥有丰富的理论知识、精湛的专业能力的 T 型人才，人工智能领域人才互换，实现就业生态化。

（2）"一T"的内涵

"一T"指的是T型的培养模式，T型是指人工智能专业群人才具备丰富的理论知识、精湛的专业能力。T型的目的是打造就业生态云，培养T型多领域人才。

（3）"创新型"的内涵

创新型一是指"三化一T"过程中培养学生的创新意识，创新能力；二是指对研究课题题目、研究视角、研究方法、研究目标的创新，为大数据智能化专业群人才模式提供了创新的培养模式。

5.7.2.3　构建"三化一T"创新型数字化人才培养模式的路径

（1）IT专业融合，打造生态专业群

构建IT专业群首先要正确理解高等职业教育国家"双高计划"和重庆市"双高计划"建设政策文件精神，一定要确定好专业群建设指导思想，坚持立德树人根本任务；IT专业融合要以地方创新驱动发展战略为建设指南；专业群组群逻辑一定要清晰，专业群与产业链的对应关系要分析到位，专业群人才培养定位要准确，专业群内各专业的逻辑性要清晰，既有各自鲜明的技术方向，又相互关联、相互作用、密不可分，它们合力组成一个专业系统，有效支撑数字经济时代智能化应用；IT专业融合，组建的专业群建设目标要明确，生态专业群建设内容要具体，这样才能适应产业发展，才能适应国家、地方、学校教学改革，才能实现生态发展与调整。

（2）课程模块化，实现群里生态共享

高水平的专业群按照课程模块化的思路构建课程体系，课程设置以落实立德树人根本任务，形成以思政课程为核心、综合素养课程为骨干、专业课程的课程思政为支撑的课程思政体系，构建"三全育人""五育并举"的育人机制。

专业群模块化的课程体系分为公共基础课程模块、专业群基础课程模块、专业技术平台课程模块、专业方向课程模块、T型高层互选模块以及个性化学习课程模块。该体系可以适应高职专科专业大类招生、专业人才培养、复合型的T型人才培养体系，同时专业群课程模块要灵活对接"1+X"认证。

①公共基础模块开设思想道德修养与法律基础、毛泽东思想和中国特色社会主义理论体系概论、形势与政策、军事理论、军事技能、公共体

育、体育专项技能、信息技术基础、就业指导、创新创业教育、心理健康教育、中华优秀传统文化、高等数学、公共英语等公共课程。

②专业群基础课程模块根据人工智能专业群各专业共有的基本职业能力合并到一起，组合形成专业基础课程模块。将各专业以知识学习为主的职业能力或者共有的理论知识点合并到一起，构建基础理实一体化课程；将各专业以技能训练为主的职业能力或者共有技能合并到一起，构建基础实训课程。比如人工智能专业群基础模块包含程序设计基础、数据库基础、计算机网络基础、人工智能应用技术、UI 界面设计、Python 程序设计、IT 职业生涯规划等课程。

③专业技术平台课程模块根据专业技术平台需要，由 1~3 门课程组成专业技术平台课程模块，供对该专业方向感兴趣和高层专业选修的学生选择。人工智能专业群到底设置多少个课程模块需要通过专业群里各专业的技术特点来设置。

④专业方向模块课程设置以专业群里各专业作为专业方向，每个专业的专业方向模块选择专业群中的专业课程模块，每个专业方向选择 3 个专业课程模块构成专业方向的课程，专业方向模块中选择的专业课程模块将作为该专业的核心课，课程性质为必修。

⑤T 型高层互选模块，每个专业方向选择 2~3 个专业课程模块作为该专业的选修模块，实现专业群 T 型复合型人才培养的需要。

专业群根据自身素质要求可以拓展学习模块，开设科学精神与思维创新模块、历史传承与哲学基础模块、社会研究与经济管理模块、当代中国与世界视野模块和艺术体验与审美鉴赏模块，创新创业课程模块、学历提升学习模块、国际化素养课程模块等，作为学生的自选模块，构成学生的公选课程。以上专业群课程模块能够实现专业群中各专业的生态共享。

（3）专业群平台化，搭建智能化教学平台

专业群平台化发展，搭建专业群教学资源平台化、实训教学平台化、科研及社会服务平台化。利用信息化平台，将教学课程资料、课程资源进行有效的管理；利用大数据人工智能实训平台进行专业群实训项目教学、科学研究及社会服务。

整个专业群平台化发展，要有一套完整的教学质量管理与教师成长和专业群动态调整优化与升级、提供科研及社会服务的管理制度和保障机制。

（4）课证融通，灵活对接"1+X"

在 T 型创新型人才培养模式中，在编写课程模块时，我们要根据专业技术平台的技术特点分析并对接"1+X"技能等级认证考试评价标准，实现专业技术平台课程模块与"1+X"技能等级证书初级、中级、高级考试大纲及考试内容融通，即课证融通，不同的技术平台课程模块灵活对接"1+X"的考试内容。

在编写课程模块时，我们要根据专业技术平台的技术特点分析并对接"1+X"技能等级认证考试评价标准，实现专业技术平台课程模块与"1+X"技能等级证书初级、中级、高级考试大纲及考试内容融通，即课证融通，不同的技术平台课程模块灵活对接"1+X"的考试内容。

对学生来讲，可以通过考取若干职业资格证书来获取就业优势，在就业难的大环境下，拥有若干职业资格证书在招聘方眼中具备极强的吸引力。获取职业资格证书的过程也是学生成长的过程，这个过程能够充分锻炼学生的意志力，提高学生的学习能力，对于学生未来的就业是非常有帮助的，有助于学生价值观的塑造。

对企业来讲，招收拥有若干职业资格证书的学生很重要的一点就是节约了培训成本，在企业招收新员工时，往往会耗费大量的时间帮助员工适应工作节奏，但是具备相关职业资格证书的员工往往可以快速上手，为企业节约了很多时间成本。

充分利用学校的资源和政策，借助国家"1+X"制度，尽可能地让同学们在校期间获取更多的职业资格证书，使同学们在完成职业证书考试的同时，具备毕业即可就业的能力。

（5）产教融合，政校企多元育人

①整合校企资源，政校企多元协同育人。

各院校要深化产教融合，通过与华为、新大陆等公司深度合作，打造人工智能专业群高水平职业教育实训基地及市级高技能人才培训基地，并整合（如重庆市永川大数据产业园）政校企资源，构建多元协同育人机制，开展多元化育人开展多元化社会服务。

各院校要搭建高水平校企联合职业培训平台，通过依托与华为等公司共建的产教融合 ICT 公共实训基地，联合新大陆公司、中国联通有限公司等知名企业，共建职业培训联盟。通过建立职业培训机构，形成跨区域、跨行业的培训组织和灵活开放的开放性终身教育体系。

②开展多层次国际交流与合作，提升专业群办学的国际影响力。一是选派教师到韩国、德国、澳大利亚、新加坡等教师海外工作站或国际技术技能服务站，通过参观考察、交流研讨、进修访学等多种方式，学习国际先进的大数据智能化应用的教育理念、教育方式和工作模式，全面提高专业群教师的专业水平。二是学生"走出去+引进来"。学生"走出去"是指借助共建"一带一路"倡议职业教育发展等项目，通过联合培养、短期交流、微留学、学历晋升等多种形式开展学生培养，拓宽学生境外学习渠道和国际视野。学生"引进来"是指依托国家、政府、合作院校等平台，在大数据智能化应用专业群招收学历和非学历国际学生，传授中国先进的技术、工艺等。

（6）打造 T 型人才，实现就业生态化

所谓 T 型人才，就是打造具备丰富的理论知识，精湛的专业能力，具备多项专业技能、多领域专业知识及行业知识的创新型人才。多领域人才培养，人工智能领域内可实现人才互换，打造就业生态化的专业群。具体需要做好以下四个方面的工作：

①构建专业群多元化办学格局，实现教学多元化，为生态就业提供支撑；

②多专业交叉教学与融合教学，培养 T 型复合型人才，为生态就业提供支撑；

③掌握多领域专业知识及行业知识，培养复合型和创新型人才，为生态就业提供支撑；

④面向人工智能产业，针对产业链各领域培养能适用多岗位的创新人才，为学生职业生涯发展提供发展指导，提供人才晋升、跨领域高升的成长路径。

（7）通过"人才互换"，缩小课堂和企业的差距

近年来，人工智能专业成为高考志愿选择中最炙手可热的"火爆"专业，同时在北上广深等一线城市，对人工智能产业的人才需求也是日益增长。高等职业院校人工智能技术应用专业的学生，如何在众多的人工智能人才就业竞争中脱颖而出，如何提升高职类学生的专业技能和就业能力，进而提升高等职业院校人工智能技术应用专业学生的就业率和就业质量，

这需要各院校在人才培养过程中，多措并举、多管齐下、统筹推进来提升人才培养质量。

为了提升人才培养质量，提升学生的职业技能，拓宽职业学生的就业渠道，专业群需要通过"人才互换"，缩小课堂和企业的差距、依托"T型创新人才培养模式"，促进就业生态化、借助"1+X"，提升学生职业技能等举措来实现。

党的十九大报告指出，深化产教融合、校企合作。深入推进产教融合、协同育人，不断探索新的人才培养机制和模式，培养具有创新能力、符合产业要求的复合型、创新型人才，打破高校与企业间的人才培养"边界"，为新旧动能的转换提供人才支撑，成为不少高校探索和思考的方向。

同时，为了提升教师的职业能力和实践教学能力，及时了解企业一线的实际用人需求和企业对员工能力的具体要求，高校教师要保证每年有一定的时间深入企业生产一线，以企业工程师的身份，参与企业的生产，并将学习到的实际经验，应用到专业建设、课程建设及课堂教学中去。

教师深入企业一线的同时，学校也应聘请有教学经验的企业工程师，参与到学校的专业建设、课程建设以及课堂教学的各个环节中来，倾听来自企业一线工程师的声音，将企业的新工艺、新方法、新技术带到高校中来，在课堂中传授给学生，这样培养出来的学生，在毕业或者实习的时候，可以很快地融入企业的实际生产中去，提升自身的就业技能。

5.7.2.4 三层生态课程体系

按产业链、技术链、人才链的递进逻辑，分析专业链中各专业岗位的典型工作任务和职业能力，按照专业技术模块分类构建生态课程模块形成"底层共享，中层分流，高层互选"的三层课程体系，如图5-5所示。该体系可以满足"一岗多能、首岗适应、多岗迁移"的产业人才需求，凸显专业群的数字人才培养适应性。

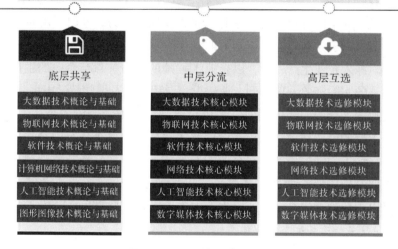

图 5-5　三层生态课程体系

重庆城市管理职业学院基于"信创化+数字化"产教融合平台，通过使用国产自主新工具和数字领域的新技术实现了产业实践新场景（健康、物流、财经、民政、电子等）。为了培养服务重庆智能产业各生产环节及民生应用领域的高素质技术技能型人才，研制形成了 1 套体系结构先进、跟紧产业发展战略的可持续发展动态调整机制。

5.7.2.5　跨专业融合发展培养数字人才

通过数字赋能专业融合，培养数字产业化、产业数字化人才，如图 5-6 所示。

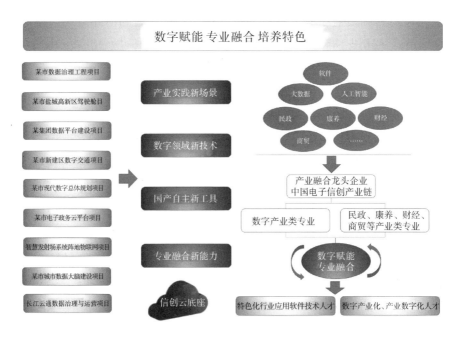

图 5-6　数字赋能跨专业融合发展

（1）产教融入龙头企业

中国电子作为信创和数字产业龙头企业，其在数字化转型方面的成功经验和技术积累对于整个行业具有示范和引领作用。高等职业院校通过与龙头企业的合作，可以更加精准地把握市场需求来调整专业设置和课程内容，培养出符合市场需求的数字产业化人才。同时，龙头企业也能通过产教融合的模式，吸引更多优秀的毕业生加入，为企业发展注入新的活力。

（2）数字赋能专业融合

在数字化转型背景下，通过数字技术的应用和整合，促进不同专业领域之间的深度融合与协同发展。这种融合不仅体现在技术层面，更涉及思维模式、业务流程、组织架构等多个方面的变革。

具体来说，数字赋能意味着利用大数据、云计算、人工智能、物联网等现代信息技术手段，对企业的生产、运营、管理、服务等各个环节进行数字化改造和升级，提升企业的数字化水平和智能化程度。这种赋能使得企业能够更高效地搜集、处理、分析数据，从而更精准地把握市场趋势、客户需求和业务动态。

专业融合则是指在这个过程中，不同专业领域之间的界限逐渐模糊，相互渗透、相互支撑。例如，传统制造业可以通过引入数字化技术实现智能制造，同时与工业设计、供应链管理、市场营销等专业领域进行深度融合，形成新的产业生态和商业模式。同样，在服务业中，数字技术的应用也使得金融、教育、医疗等传统服务领域与互联网、大数据、人工智能等新兴技术紧密结合，创造更加便捷、高效、个性化的服务体验。

因此，"数字赋能专业融合"是一种以数字技术为驱动，促进不同专业领域之间深度融合与协同发展的过程。这种过程有助于推动产业升级和转型，提升企业的竞争力和创新能力，为经济社会发展注入新的动力。因此，在专业群人才培养中，一定要注重跨学科的专业融合，如将计算机科学与技术、物联网技术、数据分析等专业知识与民政、康养、财经、商贸等产业类专业相结合，培养出既懂技术又懂业务的复合型人才。本专业群通过与龙头企业的数字技术赋能，结合本校的民生、物流、康养、财务等专业，实现跨专业融合发展，培养数字产业化和产业数字化人才。

5.7.3　数字化"三全育人"实施手段的研究与实践

实现数字化人才培养，是解决目前信创数字化人才缺口问题的有效实施手段。各院校需要动员全院师生，整合、优化资源，全员参与到学生创新创业、职业发展和就业指导工作中。在学生三年的成长期间，由大数据智能化应用专业群课程及课程思政研究与实践团队和大数据课程思政研究与实践教学创新团队，着力培养他们从入学到毕业的基础能力、核心能力和拓展能力。依托"信创化+数字化"产教融合平台，利用教育数字化手段和数字技术资源开展学生的学习情况分析、设计教学活动、支持教学活动组织与管理，应用数据分析模型进行学业分析；借助数字技术资源开展德育、心理健康教育，以及家校协同共育，从而达到在"知识、技能和素养"全方位的育人目的。本研究的数字化"三全育人"实施全过程如图5-7所示。

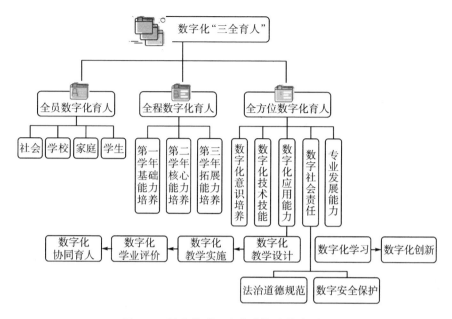

图5-7 数字化"三全育人"实施全过程

数字化"三全育人"实施手段主要包括：一是数字化"三全育人"在"1331N信创化+数字化"产教融合平台中的融入；二是数字化"三全育人"在"数字赋能专业融合的5351专业群"体系结构数字化人才培养中运用；三是数字化"三全育人"在"三教改革"实践中的应用；四是数字化"三全育人"在"现代职业教育体系建设重点任务实施"中的运用。

5.7.4 特色化软件数字人才培养路径研究与实践

5.7.4.1 研究问题的提出

软件是信息技术之魂、网络安全之盾、经济转型之擎、数字社会之基。目前，软件发展已经上升为国家战略，软件产业已经走上高质量发展的新征程。2022年全国软件业务收入达到10.8126万亿元，2023年全国软件收入则增长至12.3258万亿元，同比增长率约为13.99%。这些数据充分反映了我国软件产业近年来的强劲发展势头和持续创新能力。软件产业增加值和增速连续多年位居国民经济前列，实现了规模、效益同步提升。

在当今这个日新月异的科技时代，软件技术与数字技术共同推动着社会的进步与发展。它们之间既有着深刻的内在联系，又在各自的领域内展现出独特的魅力，共同编织出一幅幅数字化转型的壮丽图景。

首先，软件技术是数字技术的基石与灵魂。数字技术作为信息技术的核心组成部分，涵盖了数据的采集、处理、存储、传输和应用等多个方面，而这一切都离不开软件技术的支撑。软件作为人与计算机之间的桥梁，能够将抽象的算法和逻辑转化为可执行的指令，使得复杂的计算过程得以自动化、高效化地完成。从操作系统到应用软件，从嵌入式系统到云计算平台，软件技术无处不在。它不仅是数字设备运行的基础，更是数字技术创新和应用的关键驱动力。

其次，数字技术为软件技术的发展提供了广阔的舞台。随着数字技术的不断进步，尤其是大数据、人工智能、物联网等新兴技术的兴起，软件技术的边界被不断拓宽，应用场景也日益丰富。例如，在大数据环境下，软件技术能够高效地处理和分析海量数据，为领导者进行决策提供有力的信息支持；在人工智能领域，软件技术则扮演着构建智能系统、实现自主学习与决策的重要角色。同时，数字技术的发展也为软件技术带来了更多的创新机会和挑战，促进了软件架构、开发方法、测试技术等领域的不断革新。

最后，软件技术与数字技术的深度融合正引领着各行各业的数字化转型。在制造业中，工业软件与智能制造技术结合，推动了生产过程的自动化、智能化；在服务业中，移动应用、在线平台等数字化服务手段的出现，极大地提升了服务效率和用户体验；在农业领域，智慧农业软件的应用，使得农业生产更加精准、高效。这些变化不仅提高了生产效率和质量，还促进了产业结构的优化升级和新兴业态的孕育发展。

5.7.4.2　研究基础

笔者所在的大数据与信息产业学院与华为技术有限公司、中国联通共建 ICT 学院，同时与北京新大陆时代教育科技有限公司、中国联通重庆沙坪坝区分公司、上海智隆信息技术有限公司、重庆德克特信息技术有限公司等 20 余家知名企业建立了良好的合作关系；该学院拥有集教学、科研、生产、培训等功能于一体的实训基地群，包含 RFID 技术、物联网感测技术、智能家居展示、结构化布线、网络管理、数据库技术等 10 余个按照企业标准建设的大数据实训中心、网络实训中心和物联网实训中心；校企共建实训基地规模达 3 000 余平方米，可同时提供 900 个实习工位供学生实习。实训基地除帮助在校学生完成技能训练外，还面向社会开放进行员工培训、联合研发与生产。该学院加大了校企合作办学力度，创新体制机制，实现现代学徒制、订单式人才培养，通过实施工学交替、推行顶岗实习，构建"协同育人、平台共享、项目贯穿"的人才培养模式，开创了产教融合、校企合作的新篇章。

该专业群内包含应用技术协同创新中心 2 个、校内实训室 20 个、校外实训基地 15 个，实训设施先进，紧跟大数据智能化应用产业技术发展，构建了完整的"时间、空间、开放"的实训基地运行机制。专业群内大数据技术应用、物联网应用技术、计算机网络技术和软件技术与华为技术有限公司、北京新大陆时代教育科技有限公司、中国联通重庆沙坪坝区分公司和重庆德克特信息技术有限公司联合开发模拟项目案例 10 个、仿真物联网教学项目 10 个、智慧物流教学项目 5 个，校企共同开发"智慧物流、智慧家居、智慧养老"3 个真实应用场景。

2021 年，大数据与信息产业学院通过与华为技术有限公司、中国联通重庆沙坪坝区分公司、北京新大陆时代教育科技有限公司等公司合作，引入生产技术、生产工艺，结合"1+X"证书制度，融入信息产业最新成熟技术，建设基层共享、中层分流、高层互选的包括感知与获取技术、传输与交换技术、处理与储存技术、计算与分析技术、数字内容制作技术等信息产业技术链的实训基地。

该学院建立了教学管理制度、资产管理制度、安全管理制度、清洁卫生管理制度；建有实训基地管理平台，制订了学生在实训基地的行为规范，引导学生按现代企业对员工的规范要求，培养学生的职业素养，基本建立适应安全、开放、共享、先进的产教融合性实训基地的管理体系。

根据《教育部办公厅 工业和信息化部办公厅〈特色化示范性软件学院建设指南（试行）〉的通知》（教高厅函〔2020〕11 号）、《教育部高等教育司关于开展首批特色化示范性软件学院建设工作的通知》（教高司函〔2020〕16 号）等有关文件精神，为解决重庆市软件产业对实用型软件人才的需求，重庆市教育委员会、重庆市经济信息化委员会决定创建一批重庆市特色化示范性软件学院。根据《重庆市教育委员会 重庆市经济信息化委员会关于申报创建重庆市特色化示范性软件学院的通知》（渝教高函〔2020〕39 号）精神，经学校申报、专家评审和结果公示，确定重庆大学等 11 个本科院校、重庆城市管理职业学院等 6 个高等职业院校为重庆市特色化示范性软件学院建设立项高校。

特色化示范性软件学院立项建设涉及五个软件领域：关键基础软件、大型工业软件、行业应用软件、新型平台软件、嵌入式软件。其中，本研究涉及的特色化行业应用软件技术人才培养属于其中的一个领域。

2021 年 2 月 8 日，重庆市教育委员会、重庆市经济和信息化委员会公布了重庆市特色化示范性软件学院立项建设名单。其中，重庆城市管理职业学院是重庆市 6 所高职院校立项单位之一，因此，重庆市教育委员会、重庆市经济和信息化委员会将联合给予政策支持，加强特色化示范性软件学院建设。以此为契机，重庆城市管理职业学院大数据与信息产业学院特色化软件数字人才培养将会依托此项目进行教学改革与实践。

5.7.4.3 研究目标

本研究以信创为背景、行业应用为基础，引入新技术、新工艺，修订课程标准，改革教学内容；深化产教融合，开发实训项目，建立开放、共享、先进的产教融合实训基地；依托实训基地，搭建公共技术服务平台，开展多元化社会培训、技术应用等社会服务。

本研究聚焦国家软件产业发展重点，在智慧民生与健康等行业探索具有中国特色的行业应用软件人才产教融合多元培养路径，希望通过该路径培养满足产业发展需求的特色化软件数字技术人才，推动关键软件技术突破、形成具有特色化高质量智慧民生与健康行业软件数字技术人才培养体系。

5.7.4.4 研究内容

（1）研究如何强化使命驱动

引导学生充分认识软件自主可控的重要性，把推动产业发展和技术创新作为使命追求，着力培养学生的实践能力、创新精神和社会责任感。

（2）研究如何突出专业特色

围绕行业应用软件对人才的特色化需求，研究如何完善针对软件新技术、新模式、新业态建立课程和实践能力教学体系。

（3）研究如何创新培养模式

研究如何开发针对软件新技术、新模式、新业态的课程体系和新形态教学课程资源，创新教学质量评价机制，如何推进专业认证及评估与行业认证的有机衔接。

（4）研究产业导向

在研究思路上紧贴产业发展需求，强化企业的参与和管理，推进企业深度参与教学体系与课程设计、教材编制、师资队伍、实训基地与实验平台建设，推进公共教学资源和实训资源的共建共享，推动高校与产业深度融合，促进人才培养与人才需求无缝对接。

（5）研究如何加强队伍建设

研究创新高校师资队伍的聘用与考核机制，推进企业导师双向评价和认定工作，打通校企教师互通互聘渠道，支持学校和企业之间人才的双向流动，积极支持教师到重点对口企业兼职、挂职。

（6）研究如何深化产教融合

研究如何主动对接产业需求，搭建校企协同创新育人平台，建设一批由高校、企业共同开发的特色课程等，推进多专业学生协同培养，推动构建良性产业生态。

（7）研究如何严格教学管理

研究如何完善过程性考核与结果性考核有机结合的学业考评制度，探索建立学生实习实践成效能转化为学分的相关机制。

（8）研究如何促进国际交流

研究如何增加与软件发达国家高水平大学和科研院所的合作与交流，通过共研共享促进双方发展，不断提高行业应用软件人才培养的办学国际化水平。

（9）研究如何加强质量建设

研究如何树立以学生为中心、产出导向、持续改进的教学理念，加强软件人才培养全过程质量管理，健全人才培养质量监控、质量预警和质量评价标准体系。

（10）研究如何加强组织保障

研究如何加强党的政治建设和基层组织建设，完善内部组织体系，加大人员、政策等资源倾斜力度。

5.7.4.5　研究路线

特殊化软件数字人才培养路径研究采取理论与实践探索相结合的原则。一是深刻领会国家信创战略、特色化示范软件学院建设任务，对研究课题的文献资料进行整理，提出搭建特色化软件数字人才培养路径的内涵特征、构成联系、要素环境等项目理论分析框架。二是分析智慧民生与健康行业应用软件人才的行业需求，在此基础上研究培养特色化软件人才需要解决的职业素养、专业知识、行业背景知识、管理能力、全球意识和自主创新能力、持续学习能力、理解沟通能力等教学问题。三是构建特色化软件数字人才培养体系，融入强化使命驱动、融入课程思政、突出专业特色、创新培养模式、以重庆市数字软件产业为导向、加强教师队伍建设、深入产教融合、严格教学管理、促进国际交流、人才培养全过程质量管理、人才培养评价机制、组织保障12个方面，并按照研究—实践—反馈—思考—研究的方式进行研究与实践，形成在智慧民生与健康行业特色化软件数字人才培养的有效路径。软件数字人才研究路线如图5-8所示。

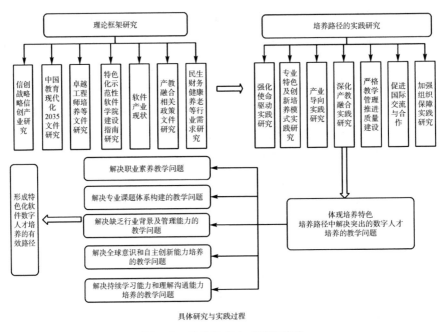

图 5-8 软件数字人才研究路线

5.7.4.6 软件数字人才培养路径实证过程

（1）强化使命驱动，实施工匠精神育人环境打造

重庆城市管理职业学院在2021年开始逐步实施育人环境打造，以工匠精神为主题，软件技术专业、大数据技术专业主要培养软件工程技术及基于大数据的软件开发人才。这两个专业是大数据智能化专业群的核心专业。同时，软件技术专业和大数据技术专业是重庆市工业机器人技术专业

群的核心专业。这两个专业通过以工匠精神为主题的育人环境打造，强化人才培养过程中的使命驱动，引导学生充分认识软件自主可控的重要性，把推动产业发展和技术创新作为使命追求，着力培养学生的创新精神和社会责任感。

工匠精神是一种职业精神，是职业道德、职业能力、职业品质的体现，是从业者的一种职业价值取向和行为表现。工匠精神的基本内涵包括敬业、精益、专注、创新等。

①工匠精神育人内涵及育人元素举例。

敬业：是从业者基于对职业的敬畏和热爱而产生的一种全身心投入的尽职尽责的职业精神状态。敬业的育人元素：中华民族历来有"敬业乐群""忠于职守"的传统，敬业精神是中国的传统美德，也是当今社会主义核心价值观的基本要求之一。春秋时期，孔子就主张人始终要"执事敬""事思敬""修己以敬"。"执事敬"是指行事要严肃认真不怠慢；"事思敬"是指临事要专心致志不懈怠；"修己以敬"是指加强自身修养并保持恭敬谦逊的态度。精益：是指精益求精，是从业者对每件产品、每道工序都凝心聚力、精益求精、追求极致的职业品质。

精益的育人元素：即使做一颗螺丝钉也要做到最好。正如老子所说："天下大事必作于细。"基业长青的企业，很多是追求精益求精才获得成功的。

专注：是指内心笃定而着眼于细节的耐心、执着、坚持的精神，这是大国工匠所必须具备的精神特质。专注的育人元素：从中外实践经验来看，工匠精神都意味着一种执着，即一种几十年如一日的坚持与韧性。"术业有专攻"，从业者一旦选定行业，就一门心思扎根下去，心无旁骛，在一个细分产品上不断积累优势，最后便能在各自领域成为"领头羊"。在中国早就有"艺痴者技必良"的说法，如《庄子》中记载的"庖丁解牛"、《核舟记》中记载的奇巧人王叔远等。

创新：是指追求突破、追求革新的创新内蕴。古往今来，热衷于创新和发明的工匠一直是世界科技进步的重要推动力量。创新的育人元素：中华人民共和国成立初期，我国涌现出 大批优秀的工匠，如倪志福、郝建秀等，他们为社会主义建设事业作出了突出贡献。改革开放以来，"汉字激光照排系统之父"王选，中国第一、全球第二的充电电池制造商王传福，从事高铁研制生产的铁路工人和从事特高压、智能电网研究运行的电力工人等都是工匠精神的优秀传承者，他们让中国创新重新影响了世界。

将以上育人内涵融入特色化行业应用软件技术人才的培养全过程中，并在课题体系中融入工匠精神的课程思政元素。

②工匠精神育人环境实施。

实训基地的楼道育人环境如图5-9、图5-10所示。

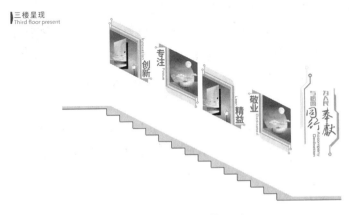

图5-9　楼道育人环境（1）

图5-10　楼道育人环境（2）

实训基地文化墙如图5-11所示。

图 5-11　实训基地文化墙

实训室走廊过道的实施蓝色调的具有科技氛围的文化壁画如图 5-12所示。

图 5-12　实施蓝色调的具有科技氛围的文化壁画

以工匠精神为主题，打造开放式阅览空间环境，以蓝色基调为画面，强调科技视觉，激发学生科技报国的家国情怀和使命担当。开放式阅览环境如图 5-13 所示。

图 5-13　开放式阅览环境

实训室四楼，展示党建文化、党支部情况，打造体现社会主义核心价值观的育人环境。党建引领、建设数字中国的育人环境和育人元素，如图5-14 所示。

图 5-14　党建引领、建设数字中国的育人环境和育人元素

实训室四楼走廊，打造能体现工匠精神、人文精神内涵等育人元素的育人环境，如图 5-15 所示。

图 5-15　四楼走廊育人环境

实训楼四楼，立德树人的实训室文化墙环境，如图 5-16 所示。

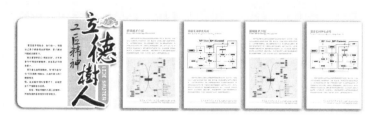

图 5-16　立德树人的实训室文化墙环境

将软件技术实训室制度等实训室管理制度、职业修养、主要实训项目、软件开发实训项目组织结构图、软件开发流程上墙进行展示，如图 5-17 所示。

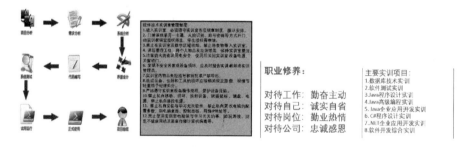

图 5-17　实训室育人环境

将工匠精神融入课程体系，如图 5-18 所示。

育人维度	育人内涵	育人元素	着力点	课程 专业基础课	 专业核心课	 专业实践课
敬业	敬业是从业者基于对职业的敬畏和热爱而产生的一种全身心投入的认认真真、尽职尽责的职业精神状态。	中华民族历来有"敬业乐群""忠于职守"的传统，敬业是中国人的传统美德，也是当今社会主义核心价值观的基本要求之一。早在春秋时期，孔子就主张人在一生中始终要"执事敬""事思敬""修己以敬"。"执事敬"，是指行事要严肃认真不怠慢；"事思敬"，是指临事要专心致志不懈怠；"修己以敬"，是指加强自身修养保持恭敬谦逊的态度。	老师： 1.认真备课（教案、PPT）。 2.上好每一堂课（教学组织、观察效果、认真反思）。 3.真诚对待每一位学生（虽然个别学生有不良习惯）。 学生： 1.认真对待每一门课（出勤好、带书、记笔记、积极思考、注意记忆、协助教师、实训后设备整理等）。 课程： 选择事例、人物，有机与教学内容融合，要润物细无声，每门课都要有一个情感、价值方面的培养目标。 管理： 各岗位首先是要学习，养懂什么是工匠精神的，要对照检查自己是否"敬业、精益、专注、创新"了，并要改进（涵盖：办公室内务、岗位工作、对人对事、出勤等。）	应用数学 计算机网络技术概论与基础 大数据技术概论与基础	软件测试技术 JAVA程序设计基础 数据库设计与管理实务	办公软件高级应用实训 软件技术专业综合设计
精益	精益就是精益求精，是从业者对每件产品、每道工序都凝神聚力、精益求精、追求极致的职业品质。	"即使做一颗螺丝钉也要做到最好"。正如老子所说，"天下大事，必作于细"。能基业长青的企业，无不是精益求精才获得成功的。		图形图象技术概论与基础• 软件技术概论与基础	软件测试技术 •• 数据库设计与管理实务 ssm企业级应用开发技术 微服务架构&中间件技术	办公软件高级应用实训 企业仿真项目综合应用开发 顶岗实习
专注	专注就是内心笃定而着眼于细节的耐心、执着、坚持的精神，这是一切"大国工匠"所必须具备的精神特质。	从中外实践经验来看，工匠精神都意味着一种执着，即一种几十年如一日的坚持与韧性。"术业有专攻"，一旦选定行业，就一门心思扎根下去，心无旁骛，在一个细分产品上不断积累优势，在各自领域成为"领头羊"。在中国早就有"艺痴者技必良"的说法，如《庄子》中记载的游刃有余的"庖丁解牛"、《核舟记》中记载的奇巧人王叔远等。		软件技术概论与基础 计算机网络技术概论与基础	软件测试技术 数据库设计与管理实务 JAVA程序设计基础 微服务架构&中间件技术 Vue前端开发框架技术	JAVA程序设计基础 JavaWeb程序设计 ssm企业级应用开发技术• 企业仿真项目综合应用开发
创新	创新就是追求突破、追求革新的创新内涵。古往今来，热衷于创新和发明的工匠们一直是世界科技进步的重要推动力量	新中国成立初期，我国涌现出一大批优秀的工匠，如倪志福、郝建秀等，他们为社会主义建设事业做出了突出贡献。改革开放以来，"汉字激光照排系统之父"王选、"中国第一、全球第二的充电电池制造商"王传福、从事高铁研制生产的铁路工人和从事特高压、智能电网研究运行的电力工人等都是"工匠精神"的优秀传承者，他们让中国创新重新影响了世界。		物联网技术概论与基础 大数据技术概论与基础	数据库设计与管理实务 JavaWeb程序设计 SSM企业级应用开发技术	企业仿真项目综合应用开发 顶岗实习

工匠精神：英文是Craftsman's spirit，是一种职业精神，它是职业道德、职业能力、职业品质的体现，是从业者的一种职业价值取向和行为表现。"工匠精神"的基本内涵包括敬业、精益、专注、创新等方面的内容。

图 5-18　工匠精神融入课程体系

③解决软件数字人才培养教学问题。

通过打造合适的育人环境，解决学生职业素养不高的问题。通过打造育人环境，实现了特色化软件技术人才职业素养的培养和熏陶，将工匠精神及课程思政元素引入课堂教学环境，营造了良好的课堂氛围，培养了学生的爱情情怀、使命担当和社会责任感。

（2）突出专业特色，构建拥有新技术、新模式、新业态的课程体系，打造信创云实训基地

①在软件技术信创云实训基地建设方面。

重庆城市管理职业学院立项了重庆市"软件技术信创云产教融合实训基地"项目，通过实施信创云实训基地建设，突出了软件技术专业的专业特色，实现了针对软件新技术、新模式、新业态的课程和实践能力的教学体系建设。主要成效如下：

通过一年时间校企合作共同建设、运行实训基地，该基地为学生提供了全面的人才培养体系和优质的实训平台，同时也提升了学校的教学水平和社会影响力。

第一，通过与中国电子系统技术有限公司的合作，实现了课程体系创新和提升。该基地建立了三层架构实训教学体系，以软件专业的"岗位通用技能"与"专项技能"训练为基础，整合现有的实训室，按一主线（职业能力主线）三层级（通用技能层级、专项技能层级、综合技能层级）构筑三层架构实践教学体系。通过提取软件专业实训课程技术最大公约数，形成基层实训共享包，互斥技术内容，分别形成中层分流实训包和高层互选实训包。打破了传统专业实训室资源壁垒，可根据实训项目需求，动态配置实训资源，有针对性地开发实训项目，提供社会培训，实现优质资源的充分利用与高效共享。

第二，通过云上实训平台，为学生提供了国内一流的实训条件和环境。

一年来，该基地近200台服务器和1 000多个虚拟机为学生提供了稳定高效的实训服务，实训基地的使用率达到了100%。通过打通教—学—练—考—评的教学路径，改变传统单一训练的现状，全方位训练学生综合技能，实现数字时代的3A（Anyone，Anytime，Anywhere）式学习体验，解决了传统实训基地存在的集中实训课程排课时间易冲突、复杂软件环境部署难、学生课后训练不便等症结。学生实践能力显著提升，学生获市级

以上技能竞赛奖 10 余项。重庆城市管理职业学院 2020 级软件技术专业学生就业对口率显著上升。

第三，通过内培外引的师资建设模式，打造了一支开放共享的卓越师资队伍。

一年来，中国电子系统技术有限公司来重庆城市管理职业学院开展关于软件技术的企业级框架及专业项目集中师资培训，累计 10 天，共 80 课时。重庆城市管理职业学院外派 4 名专业教师到中国电子系统技术有限公司武汉研发中心挂职 30 天，通过挂职锻炼，教师们不仅掌握了数字中台和 AI 中台的使用，还能够利用中台产品在各自的教学科研领域进行积极探索，全面了解数字经济时代信创产业现状及企业实际需求，深入把握"数字化、信创化"在职业教育发展过程的重要作用及发展趋势，切实推动实践成果和课堂教学环节有机融合，有效提升教师实践教学能力，为基地培养信创领域高素质的大数据智能化应用技术人才提供了师资保障。

第四，更新教学内容，匹配企业需求，培养行业应用软件技术人才。

重庆城市管理职业学院与中国电子系统技术有限公司合作，引入了最新的技术和案例，结合实训基地的云上实训平台，设计了丰富多样的教学内容，包括理论讲授、案例分析、项目实践、竞赛活动等，激发了学生的学习兴趣和动力。一年来，共完成了 15 门实践课程，20 余个实践项目，包括 mybatis 框架、Spring 框架、SpringMVC 框架、SpringBoot + Apache Dubbo 微服务架构、大厂开发规范、企业级数据库项目开发、企业级前端项目开发、中国系统内部平台前后端应用开发、机器学习基础、深度学习实践（计算机视觉方向）、数字图像处理、大数据架构搭建与实战、Python 全栈开发。重庆城市管理职业学院向全校师生提供信创、职业素养及技能培训课程资源在线学习，在线考试，在线竞赛平台，课题服务等实训资源；除些之外，还有金融风险控制、民政舆情分析、美丽社区-居民生活场景智能识别、卡码结合-AI 智能疫情防控、智慧康养-票据识别机器人等综合性实训项目。

第五，通过社会服务和科普活动，提升了学校的社会声誉和经济效益。

一年来，该基地为 20 多家企事业单位提供了云计算、大数据、人工智能等方面的技术服务和咨询，包括康居西城社区综合体的咨询、设计服务，助力两江新区逸航青少年工作发展中心特殊老年群体生活品质提升，促进社会工作服务数字化转型，参与重庆市智慧社区智慧养老云平台三维立体地图租用及升级服务验收评审等。承接"四川省职教国培项目"社会培训项目，依托基地通过视频直播平台开展各类培训，参训人员突破 17 万人次。该基地接待各级参观团队 10 余次。开展的相关活动和服务产生了显著经济效益，同时也为学校带来了良好的社会效益和合作机会。

第六，增强了学生的信创意识，营造了学校的教育文化氛围。

重庆城市管理职业学院与中国电子系统技术有限公司合作，以实训基地为载体，打造了信创教育高地，增强了学生的信创意识，营造了学校的教育文化氛围。一年来，该基地共举办了 5 场信创教育主题活动，包括讲座、沙龙、展览、竞赛等，吸引了近千名学生参与，培养了学生的信创精神和能力。

②在解决软件数字人才培养教学问题方面。

软件技术信创云实训基地建设解决了软件技术人才培养中专业知识匮乏问题。重庆城市管理职业学院与中国电子系统技术有限公司深度合作，解决了应用型人才对数据结构、SSM 框架程序编码等方面专业能力培养不足的问题。该基地还更新了教学内容，更加匹配企业需求，解决了行业背景知识缺乏的问题。

（3）改革体制机制，创新培养新模式，跨专业培养行业应用软件数字人才

①在改革体制机制、建设专项育人工作机制方面。

重庆城市管理职业学院依托信创数字经济产业学院，建立专项育人议事决策机构与教学指导机构，主要机构及其职责如下：

建立工作委员会，负责总体规划、协调、监督和指导，每年至少召开一次会议。

建立专业指导委员会，负责指导制订专业培养方案、课程设置和教学标准，每年至少召开两次会议。

建立课程教学与改革指导委员会，负责指导课程建设、教学改革和教学质量评价，每年至少召开两次会议。

建立监察审计小组，负责对产教融合各种育人项目的执行情况进行监督和审计，每个季度召开一次会议。

各机构的人员构成和主要职责如图 5-19 所示。

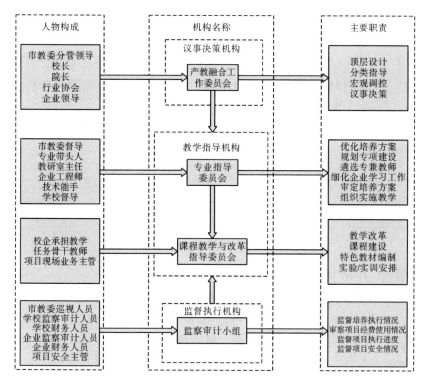

人物构成	机构名称	主要职责

议事决策机构

| 市教委分管领导
校长
院长
行业协会
企业领导 | 产教融合工作委员会 | 顶层设计
分类指导
宏观调控
议事决策 |

教学指导机构

| 市教委督导
专业带头人
教研室主任
企业工程师
技术能手
学校督导 | 专业指导委员会 | 优化培养方案
规划专项建设
遴选专兼教师
细化企业学习工作
审定培养方案
组织实施教学 |

| 校企承担教学任务骨干教师
项目现场业务主管 | 课程教学与改革指导委员会 | 教学改革
课程建设
特色教材编制
实验/实训安排 |

监督执行机构

| 市教委巡视人员
学校监察审计人员
学校财务人员
企业监察审计人员
企业财务人员
项目安全主管 | 监察审计小组 | 监督培养执行情况
审察项目经费使用情况
监督项目执行进度
监督项目安全情况 |

图 5-19 议事决策机构与教学指导机构

②在实施跨专业融合人才培养机制方面。

第一，建立特色化示范性软件学院的相关制度。

建立以行业应用为基础，引入新技术、新工艺，修订目前课程标准，改革教学内容的具体执行制度及做法。

深化产教融合，建立实训基地，开发实训项目。

依托实训基地，搭建公共技术服务平台，建立多元化社会培训、技术应用等社会服务的制度。

聚焦国家软件产业发展重点，建立在智慧民生与健康等行业具有中国特色的软件人才产教融合培养路径的制度，培养满足产业发展需求的特色化软件人才。

第二，构建基于信创三层架构课程体系。

按信创产业链、技术链、人才链、专业链的递进逻辑，分析专业链中各专业岗位的工作任务和职业能力，将中国电子信创产品融入课程，形成"底层共享，中层分流，高层互选"三层课程体系，以满足信创数字化人才培养的需求。

第三，优化实践教学体系。

通过与中国电子系统技术有限公司合作，搭建校企合作平台，共建实训基地，完善机制体制，共研实训项目，共享实训师资，构建了"11361"实践教学体系，如图5-20所示。

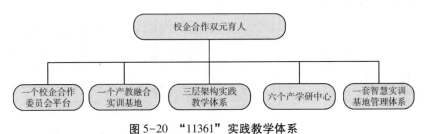

图5-20 "11361"实践教学体系

第四，构建学校跨专业融合的教学创新团队机制。

通过跨专业协同的合作机制，改革教学方法和手段，开发教学资源，促进教学研讨和教学经验交流，推进教学工作的传帮带和老中青相结合，解决教学过程中的专业交叉等问题，提高教师队伍整体水平，培养可持续发展的教学队伍，在学校形成了跨专业的教学创新团队管理机制，实现跨专业融合发展机制。

③在解决软件数字人才培养的教学问题方面。

通过与中国电子系统技术有限公司合作，解决学生对行业背景知识缺乏的问题；通过三层架构课程体系及专项育人工作机制，解决培养学生持续学习能力的教学问题；通过引入商业项目案例，解决行业应用软件技术人才培养过程中缺乏项目管理能力的问题；通过跨专业培养，行业背景知识的学习，解决了教学过程中对学生理解沟通能力培养的问题。

（4）以产业为导向，紧跟产业发展需求，成立"数字经济产业学院"

①建立数字经济产业学院，设立产教融合的组织管理机构

重庆城市管理职业学院与中国电子系统技术有限公司共建了数字经济产业学院（如图5-21所示）。该学院作为产教融合的组织管理机构，充分发挥校企双方的优势，体现职业教育为社会、行业、企业服务的功能，为企业培养更多高素质、高技能的数字化软件技术人才。

图 5-21　数字经济产业学院

数字经济产业学院通过建设软件技术、人工智能、大数据等领域相关专业，通过企业技术及项目进行相关课程建设、教育云平台建设及服务建设、教育部教师流动工作站建设、实训基地挂牌及建设、产业数据研究院建设规划等，为重庆城市管理职业学院特色化软件学院建设项目提供支撑，为特色化行业应用软件技术人才培养提供了基础平台及保障。

数字经济产业学院的建设，以产业为导向，紧贴产业发展需求，将产业与教学体系、课程设计、教材编制、师资队伍、实训基地、实验平台建设相融合，促进了人才培养与人才需求的无缝对接。

数字经济产业学院通过深度产教融合，校企合作，开展了联合人才培养，共同开发资源，实现共建共享机制；加入产业生态联盟与产教融合共同体，学生了解了软件行业知名公司的产业发展报告，掌握了行业发展导向，将行业发展与人才培养对接。同时，数字经济产业学院研究应用软件产业需求，研究了对接产业的特色软件人才应该具备的关键知识和能力，研究了行业应用软件岗位及设置情况，形成了行业应用软件数字技术岗位能力结构表，如表 5-1 所示；各院校应注重按需培养人才，对接产业，形成特色化软件技术数字人才队伍层次结构划分，达到分层分类的培养目的。

表 5-1 行业应用软件数字技术岗位能力结构

级别	岗位	工作任务	岗位能力
高级	系统架构师	根据需求，设计软件系统架构、技术选型、梳理软件内各层级的依赖关系	熟悉信息系统架构设计模式，理解操作系统运行原理，理解 Web 服务框架运行原理、理解大数据平台架构
	数据架构师	能根据系统架构设计对数据库架构进行设计	熟悉大数据平台、关系数据库，能理解业务需求；具有数据库概念、逻辑、物理模型设计能力
	软件项目管理师	负责整个软件项目的管理、工作任务拆分、推动及考核	熟练掌握信息系统项目管理知识
中级	需求分析师	把业务需求转化成信息系统需求	能够快速理行业规范、业务流程；熟悉软件工程，熟悉 UML 系统分析与设计建模工具的使用
	软件设计师	对软件的功能模块进行划分，设计各模块间的交互方案，编写核心代码	能根据软件设计文档做出软件模块的详细设计；掌握常用前后端框架，如：Java SSM/ nodejs/ Django/vue/
	机器学习工程师	设计数据模型，执行模型训练和评估	熟悉数据分析算法，熟悉数据并能够选取特征
	软件质量保证师	根据 ISO9001/CMM 体系，执行项目质量保证工作	熟悉 ISO9001/CMM 体系；能够发现软件质量的风险，能够进行质量保证与质量控制
	数据库工程师	进行数据库设计及性能优化	熟悉 oracle/mysql/达梦/金仓/神通数据库的运维和使用
			熟悉 sql99 标准和 sql 语言的开发
			熟悉 jdbc/odbc/mybatis/hibernate 等数据访问 API 使用或 ORM 关系映射框架
初级	编码人员	编码完成软件模块	计算机基础扎实，熟悉常用开发语言，如：Java/c++/python/javascript/c#
	测试人员	编制测试计划、说明和用例，执行配置项目测试	思维清晰，善于从不同角度发现问题；熟悉计算机基础原理
	运维人员	对行业应用系统进行安装部署	熟悉 windows/linux 操作系统的基本使用；熟悉各类办公软件

在人才培养过程中，我们把行业应用软件技术人才分为领军层、一层、二层、三层。高等职业院校主要培养二层、三层技术人才，分别对应中级岗位和初级岗位，涉及少量一层次培养目标和需求；领军层人才主要针对硕士研究生及以上阶段的培养目标。

②解决了软件数字人才培养教学问题。

通过分层分类实践培养，解决了在软件技术人才培养过程中学生理解沟通能力匮乏的问题；

对少数一层学生的培养，解决了对学生自主创新能力培养的问题。

通过以项目任务驱动方式的教学与实践，解决了学生专业知识不足与行业背景知识缺乏的问题，解决了教学过程中缺乏商业项目实践经验的问题。

（5）加强师资队伍建设，加强教师企业流动站及"双师型"培养培训示范基地建设

通过产业实践能力带动教师团队多元化发展，助推多层次教学人才梯队建设，通过校企人才的有机结合力求打造一支有聚合力的"双师型"教师队伍。

①立项建设校级教学创新团队。

大数据与软件专业群大数据分析与展示方向课程教学创新团队，由大数据与信息产业学院大数据与软件技术专业群教研室专任教师、兼课教师构成。团队成员职称结构、学历结构、技能结构、年龄结构合理；成员专业多样，能力互补，有助于迸发出持久创新活力。目前该团队有教师13人，其中教授1人，副教授4人，高级工程师2人，讲师5人，助教1人。

该团队要紧密联系学校和院系发展实际，结合大数据技术专业的特点，围绕大数据分析与展示课程群开展教育教学创新研究，包括团队教师能力建设、课程建设、课程资源库建设、教材建设、多媒体课件建设、网络课程建设、教法及能力鉴定的改革等，以提高课程群教学质量，提升专业核心竞争力，培养大数据分析高素质应用型人才。

目前，教学创新团队已获得课程育人标兵1项，出版活页教材1部，认定校级精品课程1门，教改项目主持1项，参与1项，在建精品课程1门，指导学生获得技能竞赛国赛一等奖1项、三等奖2项。教师参加教学能力大赛获得二等奖1项。

②立项建设校级课程思政教学团队。

落实立德树人根本任务，学校要以教学创新团队的教师队伍作为"主力军"、课程建设为"主战场"、课堂教学为"主渠道"，紧紧围绕大数据技术专业的专业课程内容体系、教学体系、工作体系等实施课程思政建设的"体系构建、课堂教学改革、教学能力提升和工作协同创新"四大行动。教学创新团队要深入梳理专业课教学内容，结合不同课程特点、思维方法和价值理念，深入挖掘课程思政元素，将思政元素有机融入课程教学，达到润物无声的育人效果。

目前，课程思政教学团队已认定精品课程1门，出版活页教材1门，在建精品课程1门，获得课程思政赛课校级三等奖1项。

③立项建设教育部职业院校教师实践流动工作站。

该流动站名称为"中国系统数字产业学院教师实践流动工作站"，申报企业为中国电子系统技术有限公司，申报学校为重庆城市管理职业学院，参与院系为大数据与信息产业学院。该项目已立项实施。教师实践流动工作站建立在校企双方深度合作的基础之上，是产教融合、校企合作的典范，优势资源互为补充、互为支撑。目前，该项目定期开展教师企业实践，教师科研课题合作与技术分享交流。组建校企合作课程开发团队与教学团队，提升教师整体的教学能力、技术能力和科技创新能力。

④立项建设校级华为、中国系统"双师型"教师培养培训示范基地。

立项建设校级"大数据智能化应用""双师型"教师培养培训基地，申报专业为软件技术专业、大数据技术专业。建设院系为大数据与信息产业学院。该项目由浙江华为通信技术有限公司具体承担、实施"教师企业工作站"的教师培训计划，为教师培训提供必要的条件，并安排企业专家开展实践操作技能的培训。

立项建设校级"数据科学与大数据技术专业群教师企业工作站"和信创软件技术行业产业导师流动站项目，申报专业为软件技术、大数据技术、人工智能技术应用。该项目由中国电子系统技术有限公司设立教师企业流动工作站，重庆城市管理职业学院每年可定期派遣教师到该工作站挂职锻炼；重庆城市管理职业学院设立"双师型"实践基地，中国电子系统技术有限公司每年可定期安排企业工程师有偿前往学校开展教育教学、专项培训、行业分享；重庆城市管理职业学院设立大师工作室，聘请中国电子系统技术有限公司的高素质、高水平技术人员，参与教学和科研；根据人才柔性引进有关政策，重庆城市管理职业学院可柔性引进中国电子系统技术有限公司高端人才，组建高水平师资队伍。

⑤校企合作建设与中国电子系统技术有限公司校企挂职锻炼的通道。

2022年7月，由中国电子系统技术有限公司设立的教师企业实践流动站项目开始实施。该项目结合师资队伍发展需求，积极组织教师团队参与项目申报，首次选派来自大数据技术、软件技术、人工智能技术应用专业的4名骨干教师赴中国电子系统技术有限公司中国系统武汉研发中心参与2022年中国系统数据创新能力教师暑期企业跟岗实践锻炼。这是重庆城市管理职业学院与中国电子系统技术有限公司联合申报的教育部教师实践流动工作站项目的首次进站实践，该项目实施成果已先后被新华网、新浪网和中国教育在线等主流媒体宣传报道。

在企业实践锻炼期间，教师通过产业参观、技术分享、岗位技能实践训练、内部产品会议参与等形式，直观了解到企业对员工的数字能力要求、工作模式规范、前沿技术应用等内容，提高了教师对数字经济时代企业转型发展的具体认识。本次跟岗实践先后参观了中国电子云、长江云通、达梦数据库等中国电子旗下企业，拓宽了专业视野，有助于教师在今后的教学过程之中融入更多的产业元素和思考，培养贴近生产实际需要的技术技能型人才；通过企业导师的带领和手把手指导，帮助学校教师将项目目标、内容、模块进行逐层次分解细化，完成从基础到整体的完整交流过程。该项目利用中国系统的数据中台与AI中台，针对中国系统在数字经济领域中关于数据治理与产业数据化方面的项目开展工程实践，主要包括民生、康养、现代服务等应用场景。教师们不仅掌握了数据中台和AI中台的使用方法，还能够利用中台产品在各自的教学科研领域进行积极探索，强化了大数据智能化技术与学校传统强势专业的交叉融合应用实践。

跟岗教师在一个月的实践期内全面了解数字经济时代信创产业现状及企业实际需求，深入把握"数字化、信创化"在职业教育发展过程的重要作用及发展趋势，切实推动实践成果和课堂教学环节有机融合，有效提升了大数据智能化教师实践教学能力，对加快建设数字经济产业学院，推动数字产业化、产业数字化融合发展，为学校培养高素质的大数据智能化应用技术人才提供了师资保障。

跟岗学习的4名骨干教师均顺利通过岗位答辩，圆满完成了暑期企业跟岗实践任务。

为持续深化与中国电子的战略合作，重庆城市管理职业学院一是将继续完善双方合作机制，加强组织领导，调动校企双方的积极性，选派责任心强、有教育情怀、专业水平高的专家。二是强化人才培养。加强专业建设与产业的联系，培养符合国家战略、产业所需的后备军。三是促进校企合作技术创新，力争在创新创业领域取得进一步的成果等。

跟岗学习的 4 名骨干成员都是行业应用软件技术的专业教师，该项目为"双师型"教师培养，为行业应用软件技术人才培养输送和培养优秀的师资起到了关键作用。

（6）信创引领机制创新，深化产教融合，打造产教融合新模式

重庆城市管理职业学院与中国电子系统技术有限公司深度合作，搭建数字校园云基座，集中管理、共享和优化校园信息化资源，通过建立制度，明确目标、策略、工具、资源、利益、监督和评估，构建信创校园治理新模式，深度推进产教融合。

①信创数字校园云基座，打造信创数字化校园治理新环境。

重庆城市管理职业基于中国电子国产化自主研发的中国电子云产品，搭建面向全校的信创数字校园云底座，并逐步实现校园治理信息化系统、服务器架构迁移上云，管理与数据的统一，并结合双方优势深度挖掘中国电子云信创数字校园底座的应用场景。

数字校园治理新模式具体做法包括：搭建教学管理云、学生管理云、科研管理云、资源共享云、安全保障云。目前，重庆城市管理职业学院基于数字校园云基座，整合了学校二级学院及管理处室 9 个二级单位的信息化平台，打造了基于中国电子专有云平台的信创数字化校园治理新环境。中国电子云资源应用概览，如图 5-22 所示。

图 5-22　中国电子云资源应用概览

②搭建校企协同创新育人平台。

第一，建立信创云产教融合实训基地、信创人才培训基地、信创生态适配基地。

为适应重庆市制造业高质量发展、推动数字经济和实体经济深度融合的需求，重庆城市管理职业学院聚焦信息产业技术技能人才培养，建立高水平的 信创产教融合实训基地，培养信创人才，建成信创技术技能人才培养高地，申报立项重庆市软件技术"信创云"产教融合实训基地。通过该项目建设促进了专业教育和职业培训的有机结合。

第二，成立企业教师流动工作站。

重庆城市管理职业联合中国电子系统技术有限公司申报并立项教育部职业院校教师实践流动工作站项目。通过建立教师流动工作站，充分调动了企业参与职业院校教师培养的积极性，从而提升了教师的整体专业水平和实践能力；吸纳了企业的工程技术人员参与职业院校专业建设及日常教学，及时有效地将新技术、新思路、新规范及时地融入专业教学之中，为促进数字化人才培养起到了很好的促进作用。

③搭建科研实验室创新平台，科教融合促进数字化人才培养。

以建设重庆领先、国内一流、国际知名的基层智慧治理实验室为总体目标，以基层治理理论研究为对象，以信息技术、智能制造为手段，以打造学科交叉型高水平基层治理研究团队为主体，以推动基础治理与数字化应用为纽带，申报并立项了基层智慧治理实验室（如图5-23所示），并制定了基层智慧治理实验室学术委员会章程、基层智慧治理实验室主任办公会议事规则、基层智慧治理实验室管理办法、基层智慧治理实验室项目管理办法、基层智慧治理实验室数据管理制度。

④解决软件数字人才培养的问题。

该项目解决了信创数字化特色行业应用软件数字人才培养缺乏真实、有效的实践环境的问题，解决了产教融合中融而不合、合而不深的问题，解决了科教融合实施路径的问题。

图 5-23　基层智慧治理实验室

（7）成立教学指导委员会，狠抓实践锻炼，突出技能竞赛实践成效

①严格教学管理实施技能竞赛与学分置换制度。

　　成立专业指导委员会，负责指导软件技术与大数据技术专业行业应用软件技术人才培养，包括人才培养方案制定、课程设置和教学标准制定与优化，每年邀请行业专业召开指导会议。成立课程教学与改革指导委员会，负责指导推进课程建设、教学改革和教学质量评价。建立监察审计小组，负责对产教融合各种育人项目的执行情况进行监督和审计。

在行业应用软件技术人才培养过程中，狠抓学生实践锻炼，将软件行业的商业案例与实训教学进行融合，培养学生软件技术实践动手能力。同时，狠抓学生技能竞赛，将以赛促教，以赛促学，执行学校教务处文件制度，将学生技能竞赛取得优异成绩后与课程之间实现转化。自项目实施以来，软件技术、大数据技术应用等专业数字化软件技术人才在技能竞赛方面取得了优异的成绩。该项目主持人指导学生技能竞赛主要有2022年"强国杯"技术技能大赛—区块链技术创新与应用赛项目全国总决赛获一等奖1项，2022年重庆市大学生区块链技术应用创新大赛区块链技术应用赛项中获三等奖2项，2021年巴渝工匠杯区块链技术应用赛项获三等奖1项，2021巴渝工匠杯web前端开发技能竞赛获二等奖1项，2021年巴渝工匠杯HTML融媒体技能竞赛获三等奖1项。

本教改项目团队的专家成员中，有5人被认定为2023年重庆市职业技能竞赛选拔集训技术指导专家。

通过教学指导委员会指导，该项目实施狠抓软件技术人才实践锻炼，通过学生技能竞赛实践，完善了行业应用软件技术人才培养过程中过程性考核与结果性考核有机结合的人才培养模式，通过执行技能竞赛实践锻炼与学分互换的相关制度，提高了行业应用软件技术人才培养质量。

②解决了软件数字人才培养教学问题。

通过实践锻炼解决了学生缺乏民生等行业背景知识的问题，通过狠抓学生技能竞赛解决了学生软件工程方面理解沟通能力欠缺的问题。

（8）促进国际交流，提高软件技术人才培养办学的国际化水平

①开展国际交流，培养学生的自主创新能力。

由重庆城市管理职业学院牵头，项目团队成员积极开展与韩国明知专科大学的中外合作办学项目交流工作；积极参与2021"一带一路"暨金砖国家技能发展与技术创新大赛，1名专任教师担任该大赛的裁判工作；为摩洛哥留学生开设5门信息化专业课程并顺利完成线上教学任务；选拔6名教师参加中澳、中德等国际师资培训班项目；立项软件技术专业国际人才培养方案研究，立项6门校级国际课程。

②解决了软件数字人才培养教学问题。

项目组团队通过参与国际交流和学习，解决了学生跟踪国际前沿发展

意识薄弱和自主创新能力欠缺的教学问题。

（9）树立以学生为中心、在 OBE 理念下实施费曼学习法，推进软件技术人才培养质量建设

①以 OBE 理念实施费曼教学，推进人才培养质量建设。

该项目主持人参与 2022 年重庆市教学改革项目立项，研究基于 OBE 理念下 SSDL 模式在软件技术人才培养体系中的实施策略与路径的研究和实践。结合本项目的实施，在 OBE 理念下，以软件技术专业人才培养成果为导向，应用 SSDL 教学模式拆分专业课程目标，进行分阶段教学，再以 SSDL 模式教学设计经验为参考，适时调整和弹性回应学生的学习要求，引导学生对自己的学习负责。使学生在学习中通过筑牢基础、提升学习兴趣、承担项目责任、参与同伴合作分享探究获得有效学习成果，采用持续性过程评价，重点关注和评估学生的学习产出与课程目标的达成度，逐步培养学生的自我学习能力。此项研究，在于探索新的教育教学方式，注重学习者的自我发展，鼓励创造性思维和自我学习能力的培养，通过实施费曼教学法，推进特色化行业应用软件技术人才质量建设。

②解决了软件数字人才培养教学问题。

通过实践锻炼，解决了如何使软件技术人才培养更契合企业岗位需求，解决了如何有效评估和评价软件技术人才培养过程中学生的学习成效。

（10）党建引领，加大政策支持力度，促进教学改革落地实施

①党建引领，强化组织保障。

本教学改革项目坚持党建引领，教学改革思路与学院发展思路一脉相承。该项目团队人员核心成员有党总支副书记、院长、副院长参与本项目教学改革项目研究与实施，团队成员能及时协调解决项目研究实施过程中遇到的困难和问题，为项目建设提供有力的组织保障。

②加大政策支持力度，促进教学改革项目落地实施。

本项目依托特色化示范性软件学院建设项目，在学院领导的大力支持下，在教改项目落实阶段加大了学院政策支持力度，在落实方面加大了学院建设资金投入力度，有效地促进了教学改革项目顺利落地实施。

③解决了软件数字人才培养教学问题。

通过实践锻炼，解决了学生缺乏大型软件开发、资源配置和组织协调

的管理能力；通过示范性软件学院建设项目，解决了教学改革项目落地实施的资源配置等教学问题。

5.7.4.7　研究与实践成果

（1）形成了基于信创背景下特色化行业应用人才培养的路径

本课题以信创为背景，聚焦国家软件产业发展，在智慧民生与健康等行业探索出具有中国特色的行业应用软件人才的培养路径，培养满足产业发展需求的特色化软件人才，推动关键软件技术突破、形成具有特色化高质量智慧民生与健康行业软件人才培养体系。本课题的研究成果解决了软件技术人才培养的问题。形成智慧民生与健康等行业基于信创背景下特色化行业应用软件技术人才培养路径，为重庆城市管理职业学院特色化示范性软件学院项目建设提供了有力支撑。信创背景下的特色化行业应用软件技术数字人才培养路径如图5-24所示。

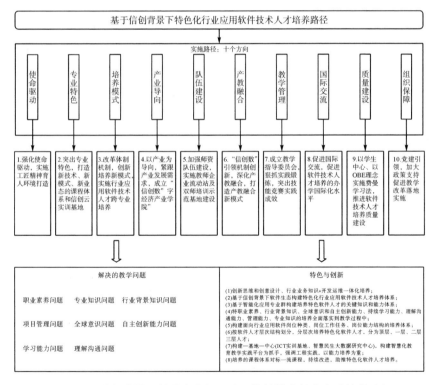

图5-24　信创背景下的特色化行业应用软件技术数字人才培养路径

（2）形成行业应用软件数字人才培养层次划分

软件数字人才培养层次划分如表5-2所示。

表5-2　软件数字人才培养层次划分

层次级别	层次名称	适合培养的学历层次	人才层次描述
高级	一层特色化软件技术人才	硕士研究生及以上	确定软件工程项目实施技术路线、具备设计整体架构、掌握关键技术的能力。具备软件项目管理能力；对软件行业、软件相关产业的发展有全面的了解，精通计算机领域知识和其他相关的交叉学科知识，全面熟悉和了解国内外新一代信息技术的发展的趋势和行业应用情况。这一层人员需要较扎实的理论知识，需要长期的软件工程实践经验，需要有大型软件系统的工程实践经验，需要有主持或参与实施大型平台软件或大型系统软件的经验。具有结合行业需求与商品化软件进行软件选型和产品的二次开发能力，需要有软件解决方案制定的能力，善于将管理融合运用到软件设计与解决方案中
	二层特色化软件技术人才	硕士研究生	能够全面地了解和把握软件开发的全过程，具备软件项目管理能力，能有效地组织人员推进软件项目的实施，具备软件项目的质量控制、时间进度控制、范围控制、整体控制、风险控制、人力资源控制与管理、成本控制的能力。这一层人员需要有较全面的理论知识并具备长期软件项目工程实践的参与经验
中级	三层特色化软件技术人才	本科、高职专科	能带领团队完成相应的项目工作，对软件项目的范围、时间及成本控制有较全面的认识和理解，能带领团队按照要求完成相应的工作。这一层人员需要长期的工程实践经验，团队管理与沟通交流能力，项目实施的能力
初级	四层特色化软件技术人才	高职专科	能在项目组长（或项目经理）的带领下参与软件的开发过程，能按照要求圆满完成相应的工作。这一层人员要有较好的职业素养，具有相应软件技术应用能力、基本的工程文档的阅读理解能力、较好的沟通交流能力和良好的团队协作精神

5.8 实证研究的创新性

5.8.1 理论创新

构建了基于信创产业生态的大数据智能化专业群数字化人才培养体系。根据知网平台检索，高等职业院校少有数字化人才培养体系的理论研究，仅有的少数数字化人才培养体系的研究没有基于"信创化+数字化"实施环境进行研究；相关的少数理论研究没有将实施环境、课程体系等载体及实施方法三者的关系进行联系。

基于信创产业生态的大数据智能化专业群数字化人才培养体系，秉承"三全育人"理念，培养工学结合、知行合一、德技并修的数字化人才。采用理论研究方法对产教融合实施环境、生态课程体系等实施载体和人才培养教育数字化实施方法进行了系统的探索分析，发展并创新了教育理论，同时，数字化"三全育人"过程也在"三全育人"的教育理念基础上融入了基于信创的数字化育人手段，体现了教育理论的实践创新。

5.8.2 平台创新

"1331N 信创化+数字化"产教融合平台引导数字技术赋能专业发展，培育信创人才助力产业腾飞。重庆城市管理职业学院通过引入信创龙头企业，成立数字经济产业学院；数字赋能专业融合，培养数字产业化、产业数字化人才。

重庆城市管理职业学院通过引入信创龙头企业中国电子系统技术有限公司，以中国电子云作为信创数字校园基座，成立数字经济产业学院。在人才培养方面，对接产业需求培养巴渝工匠；在应用研究方面，引入前沿技术支撑科研创新；在信创数字校园方面，推动信创应用，构建智慧校园。校企双方以"信创化+数字化"为途径，通过引数字技术赋能专业发展，培育信创人才助力产业腾飞，形成集人才培养、应用研究和校园管理于一体的系统化产教融合新模式。

5.8.3 方法创新

实现"三化一T"的数字化人才培养模式，开创数字化"三全育人"

新方法。本书研究的人才培养体系运用"三化一 T"的数字化人才培养模式，采用数字化手段实现信创数字化人才培养，开创了数字化"三全育人"新方法。利用教育数字化手段，动员全院师生，整合、优化资源，全员参与人才培养；利用数字化教学手段，在学生三年的成长期间，通过三层生态课程模块案例全程无缝融入学生的学习教育活动中；利用教育数字技术资源开展学生的学习情况分析、设计教学活动以及教学活动的组织与管理、应用数据分析模型进行学业分析、开展德育、心理健康教育以及家校协同共育的数字化全方位育人。

5.9 下一步研究计划与推广应用

5.9.1 下一步研究计划

5.9.1.1 将数字人才培养体系框架用于现代职业教育体系建设改革

有效运用产教融合平台、专业群育人载体及数字化"三全育人"手段加快推进现代职业教育体系建设改革，着力培养数字化人才。有效应用本成果的"1331N 信创化+数字化"产教融合平台，以数字赋能专业融合的5351 专业群结构为育人载体，以"数字化'三全育人'实施现代职业教育体系重点建设任务"为实施手段，加快推进现代职业教育体系建设改革的步伐，培养大数据智能化数字化人才。建设任务体现在以下几个方面：

①认真建设跨区域协同的产教融合共同体，服务重庆地方"33618"特色产业发展，培养产业急需的数字化人才；

②持续建设专业教学资源库；

③以数字教育为手段，服务学校教育信息化标杆学校建设；

④开展大数据智能化"现代数据库"等一流核心课程建设；

⑤开展新形态优质教材建设；

⑥开展产教融合融入典型生产实践项目，着力培养数字技术现场工程师；

⑦加大国际交流与合作力度，推进软件技术、大数据技术等专业的国际合作。

5.9.1.2　加大数字人才培养体系框架推广应用

坚持职业教育特色，遵循职业教育发展规律和技术技能人才培养规律，体现职业教育类型和层次的特点；坚持以提高人才培养质量为核心，突出教育实践性和创新性，提高教学成果产出质量与实践成效。

5.9.1.3　做好示范引领，扩大成果的社会影响

坚持示范引领，扩大成果的社会影响，提高职业教育教学研究水平和教学改革成效，加大教学改革成果在公开媒体的宣传力度。

5.9.2　推广应用

5.9.2.1　推广现状

经过两年多的研究与实践，重庆城市管理职业学院培养了 3 500 余名掌握数字领域的新技术技能人才，取得了 60 项以上标志性研究成果，并在全校推广。在本校大数据学院进行深入应用的同时，在财经学院、商学院、智慧康养学院进行了跨专业融合发展应用推广。

5.9.2.2　推广应用前景

坚持职业教育特色，遵循职业教育发展规律和技术技能人才培养规律，体现职业教育类型和高职专科层次的特点。

坚持以提高人才培养质量为核心，突出实践性和创新性，提高教学成果产出质量与实践成效，可在本校和兄弟院校深入推广，对兄弟院校提升数字化人才培养路径选择提供参考与帮助。

坚持示范引领，扩大研究成果的社会影响，努力提高本校职业教育教学研究水平和教学改革成效，为兄弟院校提供数字化人才培养教学改革典型案例。

6 制定数字人才培养体系质量评价标准

在构建高等职业教育专业群数字人才培养体系的过程中，制定一套科学、全面、可操作的质量评价标准至关重要。这一套标准不仅有助于监测和评估人才培养体系的运行效果，还能为持续优化和改进人才培养体系提供有力依据。本章将深入探讨数字人才培养体系实施路径的有效性评价，通过详细分析战略规划与目标设定、实施步骤与资源配置、监控与调整机制以及成果展示与反馈四个方面，为数字人才培养体系提供质量保障。

6.1 数字人才培养体系实施路径的有效性评价

数字人才培养体系实施路径的有效性评价是数字人才培养体系能否建设成功的基石。一个高效、可行的实施路径能够确保人才培养工作沿着既定目标稳步推进，最终达到预期成果。以下是对实施路径有效性评价的详细探讨。

6.1.1 战略规划与目标设定

深入调研与趋势分析：战略规划与目标设定的科学性和前瞻性，首先依赖对数字经济行业发展趋势的深入理解和准确把握。这要求实施主体需广泛开展行业调研，搜集国内外数字经济领域的最新数据、报告和研究成果，通过对比分析和综合研判，提炼出数字经济对人才的需求特点、层次结构及未来趋势。

明确而具体的目标体系：在充分调研的基础上，需设定清晰、可量化的培养目标。这些目标应涵盖学生的专业知识与技能掌握程度，同时强调学生创新能力、跨专业融合能力、团队协作能力及自主学习能力等软技能的培养。具体而言，该体系可以设定学生在校期间需完成的课程模块、实习实训项目、技能证书获取种类及数量、参与创新创业大赛次数等具体指标，以便后续跟踪监测和评估。

政策导向与国家战略契合：战略规划还需密切关注国家数字经济的发展战略和政策导向，确保人才培养目标与国家政策相一致。各院校通过政府提供的项目支持、税收优惠等政策红利，为人才培养体系的建设提供坚实的政策保障。同时，各院校还应加强与政府、行业协会及企业的沟通协作，共同推动数字人才培养体系的完善和发展。

动态调整与持续优化：战略规划与目标设定并非一成不变，而应根据外部环境变化和内部实施进展进行动态调整。建立定期评估机制，对战略规划的执行情况进行全面审视，及时发现并纠正偏差，确保人才培养工作始终沿着正确方向前进。

6.1.2　实施步骤与资源配置

分阶段推进与里程碑设定：有效的实施路径需要明确各阶段的任务和目标，并设定相应的里程碑。通过分阶段推进课程体系改革、教学方法创新、产教融合平台建设等工作，确保各项工作任务落地落实。同时，建立项目管理机制，对各个阶段的工作进行细化分解和责任落实，确保各项工作能够按计划顺利推进。

资源配置的全面性与高效性：资源合理配置是实施路径得以顺利推进的重要保障。在人力资源方面，各院校需要加强师资队伍建设，引进和培养一批具有数字经济背景和实践经验的优秀教师；在物力资源方面，各院校需要投入资金建设先进的实验室、实训基地和在线学习平台等教学设施；在财力资源方面，各院校需要确保各项经费的充足到位并合理使用。同时，各院校还应建立资源共享机制，促进不同专业之间的资源整合和优势互补，提高资源利用效率。

激励机制与参与度提升：为激发师生参与改革的积极性和创造性，需要建立完善的激励机制，通过设立奖项、提供资金支持等方式表彰和奖励在改革过程中表现突出的个人和团队；同时，加强师生沟通与反馈机制建设，及时了解师生的需求和意见并据此调整优化实施方案。

6.1.3 监控与调整机制

数据驱动与量化评估：为确保数字人才培养体系实施路径的有效性，需要建立科学的监控与评估体系。通过收集和分析课程开设情况、学生满意度调查、就业率统计等相关数据指标，对该体系实施效果进行量化评估。利用大数据技术对这些数据进行深度挖掘和分析揭示其存在的问题和不足，为后续调整提供依据。

灵活应变与即时调整：监控与评估体系应具备足够的灵活性和敏捷性，以应对外部环境变化和内部实施过程中的不确定性因素；需要建立快速响应机制。在发现问题后应及时组织相关部门和专家进行研讨，制定有针对性的调整方案并付诸实施，确保实施路径能够始终保持在正确轨道上前进。

持续改进与闭环管理：监控与评估工作不应仅仅停留在发现问题和提出解决方案的层面，还需关注解决方案的实施效果并进行持续跟踪。通过建立跟踪机制对调整实施路径后的情况进行再评估，验证其有效性并根据评估结果再次进行调整、优化并形成持续改进的良性循环机制。

6.1.4 成果展示与反馈

成果展示与经验分享：通过举办教学成果展、学术研讨会等活动，充分展示数字人才培养体系的建设成果和经验做法。这些活动不仅能够增强师生对改革成果的认知度和认同感，还能够吸引更多外部关注和资源支持，为人才培养体系的持续优化提供有力保障。

畅通反馈渠道与广泛征求意见：建立畅通的反馈渠道，鼓励师生、企业和社会各界人士对数字化人才培养体系实施路径提出宝贵意见和建议。通过定期收集和分析这些反馈意见，可以及时发现并解决存在的问题，为该体系持续改进提供有力支持。同时，加强与企业和行业协会的沟通协作，共同推动人才培养体系的优化升级。

品牌塑造与影响力提升：通过成果展示和经验分享活动提升学校在数字人才培养领域的知名度和影响力，积极争取社会各界人士对高等职业院校人才培养工作的支持和认可，为后续发展奠定坚实基础。同时，加强与其他高校和研究机构的交流与合作，共同推动数字人才培养。

综上所述，数字化人才培养体系实施路径的有效性评价是数字人才培养体系质量评价标准的核心内容之一。通过科学规划目标设定、合理推进实施步骤与资源配置、建立有效的监控与调整机制，以及注重成果展示与反馈，可以确保实施路径的高效运行和持续优化，为培养适应数字经济时代需求的高素质人才提供有力保障。在未来的发展中，我们将继续深化对数字化人才培养体系实施路径有效性的研究和探索，不断完善和优化质量评价标准，为推动我国高等职业教育事业高质量发展贡献力量。

6.2　产教融合平台建设的深化程度评价

在数字经济蓬勃发展的背景下，产教融合平台建设作为连接教育与产业的关键桥梁，其不仅影响人才培养的质量，还直接关系到教育体系对市场需求变化的适应能力。本节将从合作模式的创新与多样性、实践教学体系的完善性、师资队伍的共建共享机制、建立健全评价体系与激励机制四个方面，深入探讨产教融合平台建设的深化程度评价。

6.2.1　合作模式的创新与多样性

搭建产教融合平台的首要任务是，探索并实践多样化的合作模式，以满足数字经济时代多元化的人才培养需求。这一目标的实现，依赖目前教育体系对传统校企合作模式的深刻反思与积极创新。

6.2.1.1　深度共建的实体平台

为了打破学校与企业之间的物理界限，实现教育链、人才链与产业链、创新链的深度融合，高等职业院校建立校企联合实验室、研发中心等实体平台成为必然选择。这些平台不仅为学生提供了接触行业前沿技术的机会，还为企业提供了研发支持和技术创新的源泉。例如，通过共建智能制造研发中心，学校与企业可以联合开展智能机器人、物联网等关键技术的研究与开发；同时为学生提供参与实际项目的机会，使其在真实的工作环境中锻炼自己。

6.2.1.2　定制化"订单式"培养

针对企业特定岗位的技能需求，实施"订单式"人才培养模式，是实现教育与产业无缝对接的有效途径。学校与企业签订人才培养协议，共同制定人才培养方案，从课程设置、教学方法到实习实训，全方位对接企业需求。在这种模式下，学生不仅能够学到与行业接轨的专业知识，还能提前适应企业文化和工作环境，毕业后迅速融入工作岗位，实现从学生到职业人的快速转换。

6.2.1.3 产业学院与职教集团

产业学院和职教集团的建立，是产教融合平台建设的高级形态。产业学院围绕特定产业链或产业集群设置的专业方向，整合学校与企业的优势资源，共同开展人才培养、技术研发和社会服务等工作。职教集团则通过跨区域、跨行业的资源整合与共享，促进更大范围的职业教育协同发展。这两种模式不仅促进了教育资源的合理配置，还提高了人才培养的针对性和实效性。

6.2.2 实践教学体系的完善性

实践教学是数字人才培养不可或缺的重要环节。一个完善的实践教学体系，应当涵盖实验、实训、实习、毕业设计等多个方面，形成系统性、多层次性的培养链条。

6.2.2.1 多层次实践教学环节

实践教学体系应从基础到高级、从理论到实践逐步深入。在实验环节，注重培养学生的基本操作技能和科学思维方法；在实训环节，通过模拟真实工作场景，提高学生的专业技能和团队协作能力；在实习环节，安排学生进入企业工作，提高其职业素养和就业竞争力；在毕业设计环节，鼓励学生结合所学知识和技能解决实际问题，培养其创新精神和独立工作能力。

6.2.2.2 真实项目案例的引入

产教融合平台应充分利用企业资源，引入真实项目案例作为教学内容。企业可以根据自身需求提供项目供学生实践操作，同时学校也可以承接企业委托的研发项目作为学生毕业设计或课外科研活动的课题。通过这种方式，学生可以在解决实际问题的过程中深入理解和掌握专业知识，同时为企业创造实际价值。

6.2.2.3 行业标准与职业资格认证的对接

为了确保人才培养质量符合企业和市场的要求，产教融合平台应主动对接行业标准和职业资格认证体系。学校应根据行业标准调整教学内容和教学方法，确保学生所学知识与市场需求保持一致；同时，学校应鼓励学生参加各类职业资格认证考试，提升其职业竞争力和社会认可度。

6.2.3　师资队伍的共建共享机制

优秀的师资队伍是产教融合平台建设的重要保障。通过共建共享机制，学校和企业可以共同培养和引进"双师型"教师，提升其教学质量和实践能力。

6.2.3.1　"双师型"教师的培养与引进

学校和企业应制订"双师型"教师培养计划，通过互派员工挂职锻炼、共同开展科研项目等方式，提升教师的专业素养和实践能力。同时，学校应积极引进具有丰富实践经验和行业背景的企业专家和技术骨干担任兼职教师或客座教授，帮助学生了解行业前沿的知识和技能。这种共建共享机制，有助于打破学校与企业的知识壁垒，实现优质教育资源的优化配置。

6.2.3.2　师资培训与交流

为了不断提升教师的专业素质和教学能力，学校和企业应共同定期举办教师培训和交流活动。学校通过组织专业培训课程、邀请行业专家举办讲座和研讨等方式拓宽教师的知识面和视野；同时，鼓励教师参加国内外学术会议和展览活动，加强与国际先进教育理念和方法的交流与借鉴。

6.2.3.3　激励机制与政策支持

为了激发教师参与产教融合活动的积极性和创造性，学校应建立有效的激励机制和政策支持体系。通过设立专项基金、提供科研经费支持等方式，鼓励教师开展产、学、研合作项目；同时，完善教师评价和晋升制度，将教师在产教融合活动中的表现纳入评价体系之中并给予相应奖励和荣誉。

6.2.4　建立健全评价体系与激励机制

为了确保产教融合平台建设的深化效果并持续推动其优化发展，必须建立健全评价体系与激励机制。通过科学的评价方法和有效的激励手段激发师生和企业的积极性与创造力。

6.2.4.1　多元化评价体系

产教融合平台的评价体系应涵盖学生学习成果、教师教学效果、平台建设成效等多个方面并采用多元化指标进行综合评价。通过定量与定性结合的方式对各项指标进行客观评估；同时，注重过程性评价与结果性评价的结合，确保评价结果的全面性和准确性。此外，还应引入第三方评估机构对产教融合平台进行独立评估，以提高评价结果的公信力和客观性。

6.2.4.2 激励机制与政策支持

为了激发师生参与产教融合活动的积极性与创造力并保障企业的持续投入与参与，学校应建立有效的激励机制和政策支持体系。学校应通过设立专项奖励基金、提供科研经费支持等方式表彰和奖励在产教融合活动中表现突出的师生和团队；同时，加大政策扶持力度，为产教融合平台建设提供政策保障和支持。此外，学校还可以探索建立利益共享机制（如建立完善的成果转化收益分配机制）等方式，鼓励企业积极参与产教融合活动并分享其成果带来的经济效益和社会效益。

6.2.4.3 定期评估与反馈机制

为了确保产教融合平台的持续改进和优化，学校应建立定期评估与反馈机制。通过定期组织专家评审团对产教融合平台的建设成效进行评估并提出改进意见和建议；同时，学校还应建立畅通的反馈渠道，鼓励师生、企业和社会各界人士对产教融合平台提出宝贵的改进意见和建议。通过及时收集和分析反馈意见并制定相应的改进措施，确保产教融合平台能够不断适应市场需求和技术发展趋势。

6.2.4.4 持续优化与创新

在产教融合平台建设过程中，应始终坚持持续优化与创新的原则。通过定期回顾总结建设经验和教训不断调整和完善建设方案；同时，应密切关注行业动态和技术发展趋势积极探索新的合作模式和教学方法，以适应不断变化的市场需求和技术环境。通过持续优化与创新不断提升产教融合平台的建设水平和人才培养质量，为我国数字经济的持续发展提供有力的人才支撑。

综上所述，产教融合平台的建设程度是数字人才培养体系质量评价的重要方面之一。通过不断创新合作模式、完善实践教学体系、共建共享师资队伍以及建立健全评价体系与激励机制等措施，可以推动产教融合平台的持续发展，提升对数字人才培养的实际效果和市场适应性。在未来的发展过程中，我们需要继续加强产教融合平台的建设和优化工作，不断探索适应市场需求和产业发展趋势的人才培养新模式，为我国培养高素质的数字人才贡献力量。

6.3 数字人才培养模式的实施效果评价

数字人才培养模式的创新与实施是提升人才培养质量的核心环节。在数字经济快速发展的今天，如何构建一个高效、适应市场需求、能够持续输出高质量数字人才的培养模式，已成为高等职业教育面临的重要课题。本节将从多个维度对数字人才培养模式的实施效果进行全面而深入的评价，为进一步优化和改进数字人才培养模式提供科学依据。

6.3.1 学生能力与素质的提升

要评价数字人才培养模式的实施效果，首要关注的是学生能力与素质的实际提升情况。数字经济时代对人才的要求已不只对专业技能的掌握，还包括创新思维、跨界融合能力、团队协作能力、持续学习能力等多方面的综合素质。

核心知识与技能的掌握：学生是否真正掌握了数字经济的核心知识和技能，是衡量培养模式效果的重要指标。这些能力掌握情况可以通过学生的学业成绩、技能证书获取情况来反映。例如，大数据分析与挖掘、人工智能算法设计、云计算平台管理等课程的学习成绩，以及数据分析师、人工智能工程师等相关职业资格证书的获取率，都是评价学生专业技能掌握程度的重要依据。

创新思维与实践能力：在数字经济背景下，学生的创新思维和实践能力尤为重要。通过查看学生的创新创业项目参与情况、科研成果发表情况、专利申请等指标，可以评估学生的创新思维和动手能力。此外，学校可以通过定期举办创新大赛、创业计划竞赛等活动，为学生提供展示自我的平台，同时搜集反馈数据以评估学生的创新能力。

职业素养与软技能：除专业技能外，学生的职业素养和软技能也是衡量其综合素质的重要方面。这包括团队协作能力、沟通表达能力、职业道德规范等。学校可以通过学生的实习反馈、社会实践报告、职业素养培训课程效果评估等方式，全面了解学生的职业素养状况。

6.3.2 教学模式的创新与成效

教学模式的创新是数字人才培养不可或缺的一部分。随着信息技术的发展，传统教学模式已难以满足数字经济时代对人才培养的需求，因此，探索并实践新型教学模式成为提升教学效果的关键。

教学方法的多样化：项目式学习、翻转课堂、混合式学习等新型教学模式的引入，极大地丰富了教学手段，提高了学生的学习兴趣和参与度。评价这些教学模式的成效，可以通过观察学生在课堂上的表现、学习成果的展示、师生互动的频率和质量等指标来进行。同时，学校可以通过问卷调查、学生访谈等方式搜集学生的反馈意见，了解他们对新教学模式的接受度和满意度。

数字化教学资源的运用：在数字时代，丰富的数字化教学资源为教学提供了极大的便利。在线课程、虚拟仿真实验、数字化教材等数字资源的引入，不仅拓宽了学生的学习渠道，也提高了教师的教学效果。学校评价这些资源的运用成效，可以通过统计学生在线学习时长、虚拟仿真实验完成情况、数字化教材使用频率等数据来进行。同时，教师也应关注学生对这些资源的反馈，以便及时调整和优化教学资源配置。

个性化学习的实现：针对不同学生的学习特点和需求，提供个性化的学习路径和资源推荐，是数字时代教学模式创新的重要方向。通过大数据和人工智能技术，学校可以分析学生的学习行为、兴趣偏好等，为他们量身定制学习计划。学校评价个性化学习的成效，可以通过对比学生在接受个性化学习前后的学业成绩、学习兴趣、自主学习能力等指标的变化来进行。

6.3.3　师资队伍的建设与发展

优秀的师资队伍是保障数字人才培养质量的重要基础。学校在评价培养模式的实施效果时，师资队伍的建设与发展状况同样不容忽视。

师资结构的合理性：一个科学合理的师资结构应该包括具有丰富教学经验的资深教师、具有行业背景和实践经验的"双师型"教师以及充满活力和创新精神的青年教师。通过统计各类教师的比例、专业背景、研究方向等数据，可以评估师资结构的合理性。

教师的专业发展与成长：教师的专业发展与成长直接关系到教学质量的提升和人才培养的效果。学校应鼓励教师参加各种培训、研讨会、学术交流等活动，提升他们的专业素养和教学能力。同时，通过建立完善的教师评价和激励机制，激发教师的工作热情和创造力。学校评价教师的专业发展与成长，可以通过查看教师的教学成果、科研成果、社会服务贡献等指标来进行。

教学团队的协作与创新：在数字人才培养过程中，教学团队的协作与创新至关重要。通过组建跨学科、跨领域的教学团队，可以促进知识的交叉融合和创新思维的碰撞。学校评价教学团队的协作与创新成效，可以通过查看团队成员之间的合作情况、共同完成的科研项目和教学成果等指标来进行。

6.3.4　实践教学环节的强化与效果

实践教学是数字人才培养不可或缺的重要环节。学校在评价培养模式的实施效果时，应重点关注实践教学环节的设计与实施效果。

实践教学体系的构建：一个完善的实践教学体系应包括实验、实训、实习、毕业设计等多个环节，形成由易到难、循序渐进的培养链条。学校评价实践教学体系的构建成效，可以通过观察学生实践教学计划的科学性、实践教学内容的丰富性、实践教学设施的完善程度等指标来进行。

实践教学的组织与管理：实践教学的组织与管理是保证实践教学质量的关键。学校应建立完善的实践教学管理制度，明确实践教学的目标、内容、方法、考核标准等要求。同时，加强对实践教学的监督和评估，确保实践教学活动有序进行。评价实践教学的组织与管理成效，可以通过观察实践教学的执行情况、学生的实践操作能力、实践教学质量的监控与评估等指标来进行。

实践教学与企业需求的对接：实践教学应紧密结合企业需求，为学生提供真实的职场体验和实践机会。学校应加强与企业的合作，共同开发实践教学项目，引入行业标准和职业资格认证制度，确保实践教学与市场需求紧密对接。学校评价实践教学与企业需求的对接成效，可以通过查看企业对学生实践能力的评价、学生就业竞争力等指标来进行。

6.3.5　毕业生就业与职业发展情况

毕业生的就业率和就业质量是衡量培养模式实施效果的重要指标。学校通过搜集并分析毕业生的就业数据，可以全面评估目前培养模式对学生长远发展的影响。

就业率的统计与分析：统计毕业生的就业率，了解学生在毕业后一段时间的就业率。同时，分析毕业生就业的行业分布、就业岗位与所学专业的匹配度等指标，评估就业市场的需求和趋势。

就业质量的评估：除就业率外，就业质量也同样重要。通过调查毕业生的薪资待遇、工作环境、职业发展前景等指标，评估毕业生的就业满意度和职业发展潜力。同时，关注毕业生在企业中的表现和发展情况，了解企业对毕业生的评价和反馈意见。

毕业生的持续跟踪与反馈：建立毕业生跟踪机制，通过问卷调查、电话访谈、校友会活动等方式与毕业生保持联系，了解他们对工作动态和职业发展的需求。同时，鼓励毕业生向母校提供反馈和建议，以便学校及时调整和优化培养模式。

综上所述，数字人才培养模式的实施效果评价，需要从学生能力与素质的提升、教学模式的创新与成效、师资队伍的建设与发展、实践教学环节的强化与效果以及毕业生就业与职业发展情况等多个维度进行全面而深入的分析和评估。学校通过对这些评价指标的分析，可以及时发现和解决数字人才培养过程中存在的问题和不足，为进一步优化和改进数字人才培养模式提供科学依据和决策支持。

6.4　教育改革的推进程度评价

在全球化与信息化的双重浪潮推动下，高等职业教育面临前所未有的机遇与挑战。为适应产业升级和经济结构转型的需求，高等职业教育体系正推进一系列重大改革，旨在构建更加灵活、高效、适应市场需求的人才培养模式。其中，专业群数字人才培养体系作为现代职业教育体系建设的重要组成部分，其在推动教育改革、提升教育质量方面起着关键作用。本节将从推动现代职业教育体系建设重点任务实施、促进"一体、两翼、五重点"建设与改革、深化"三教"改革三个维度，对专业群数字人才培养体系在助推教育改革上的成效进行深入分析。

6.4.1　推动现代职业教育体系建设重点任务实施的成效评价

6.4.1.1　促进产教融合与校企合作深化

专业群数字人才培养体系通过紧密对接产业链、创新链，有效促进了产教融合的深化。学校与企业之间构建了长期稳定的合作关系，共同探索出多种创新合作模式。一方面，学校与企业共建实训基地、研发中心、产业学院等合作平台，实现了教学环境与生产环境的无缝对接，为学生提供了真实的职场体验和实践机会。企业参与实训基地的日常运营，确保实训基地能够紧跟行业发展趋势，不断更新其技术设备，使学生能够在最接近真实工作环境的条件下学习和实践。另一方面，企业专家深度参与学校教学计划和课程设置，将行业最新动态和技术融入教学内容。学校根据企业反馈，灵活调整教学计划和课程内容，确保学生所学知识与市场需求高度契合。这种合作模式不仅提升了学生的职业素养和实践能力，还为企业输送了大量具备实际操作能力和创新思维的高素质技术技能人才，实现了学校与企业的双赢。

6.4.1.2　加速专业结构调整与优化

面对产业结构的快速变化，专业群数字人才培养体系应积极响应市场需求，加速专业结构的调整与优化。学校应依据产业发展趋势和未来人才需求预测，灵活设置和调整专业方向，形成与区域经济社会发展相适应的专业布局。在专业群建设过程中，学校注重不同专业之间的交叉融合和协同创新，通过构建专业群内部资源共享和优势互补机制，提升专业群的整体竞争力和社会服务能力。

学校通过加强专业群内部的资源整合与共享，实现了师资、课程、实训基地等资源的合理配置。不同专业之间的教师可以相互沟通，共同开发课程，形成了多学科交叉融合的教学体系。此外，学校还通过引入行业标准和职业资格认证制度，确保人才培养质量符合企业和市场的要求。这种动态调整的专业结构既满足了学生的个性化发展需求，又提高了人才培养的针对性和适应性。

6.4.1.3　提升职业教育国际化水平

专业群数字人才培养体系注重与国际接轨。学校通过加强与国际先进教育机构的交流与合作，引进国外优质教育资源和先进教育理念，推动了教学内容的国际化改革。学校鼓励学生参与国际交流项目、留学深造等活动，拓宽了他们的国际视野。同时，学校还积极参与国际职业教育标准制定和认证工作，提升了职业教育的国际认可度。

在国际化进程中，学校注重与国际知名企业和机构的合作，共同开展技术研发、人才培养等项目。这种合作模式不仅提升了学校的科研水平和创新能力，还为学生提供了更多参与国际项目和实践的机会。通过国际化教育环境的营造，学生的综合素质和竞争力得到了显著提升，为他们的未来发展奠定了坚实基础。

6.4.2 "一体、两翼、五重点"建设与改革成效评价

6.4.2.1 "一体"建设：搭建现代职业教育体系的核心框架

专业群数字人才培养体系作为现代职业教育体系的重要组成部分，有力支撑了现代职业教育体系核心框架的搭建。学校通过整合优化教育资源、完善职业教育体系结构、强化职业教育内部衔接和外部合作等措施，形成了层次分明、结构合理、开放融合的现代职业教育体系。在专业群建设过程中，学校注重顶层设计和整体规划，明确各专业群的发展定位和培养目标，确保各专业群之间能够相互支撑、协调发展。

在专业群内部，学校通过构建课程体系、建设师资队伍、实训基地等方式，提升数字人才培养的整体效能。同时，学校还应注重与区域经济社会发展需求的对接，确保数字人才培养与社会需求紧密契合。在专业群外部，学校积极与企业、行业、科研机构等建立合作关系，共同开展数字人才培养、技术创新和社会服务等活动，推动了职业教育与产业发展的深度融合。

6.4.2.2 "两翼"发展：推动产教融合与校企合作双轮驱动

在"两翼"即产教融合与校企合作双轮驱动的推动下，专业群数字人才培养体系实现了快速发展。一方面，学校通过深化产教融合，加强与行业企业的联系，与企业共同开展人才培养、技术创新和社会服务等活动。这种合作模式不仅提升了学生的实践能力和职业素养，还促进了学校的科研成果转化和产业升级。学校通过与企业共同建立实训基地、研发中心等合作平台，为学生提供了更多实践机会和创新资源。另一方面，学校通过优化校企合作机制，建立了稳定的合作关系和合作模式。企业为学校提供实践基地、教学资源和技术支持等条件，学校则为企业输送高素质的技术技能人才和提供智力支持等服务。这种双赢的合作模式为专业群数字人才培养体系的可持续发展奠定了坚实基础。在合作过程中，学校和企业共同探索创新人才培养模式，推动教学内容和方法的不断革新。

6.4.2.3 "五重点"突破：聚焦关键领域和薄弱环节

在助推"五重点"即师资队伍建设、课程体系改革、教学模式创新、

评价体系建设和社会服务能力提升等关键领域的突破上，专业群数字人才培养体系也取得了显著成效。学校通过加强师资队伍建设，引进和培养了一批具有行业背景和实践经验的高素质教师团队。这些教师不仅具备扎实的专业知识和丰富的教学经验，还具备较强的实践能力和创新精神。他们积极参与教学改革和科研活动，不断探索适应市场需求和学生特点的教学方法与手段。

在课程体系改革方面，学校构建了以市场需求为导向、能力培养为核心的课程体系。学校通过引入行业标准和职业资格认证制度，确保了学生所学知识与市场需求紧密对接。同时，学校还注重课程的跨学科融合和创新性设计，提升了学生的综合素养和创新能力。

在教学模式创新方面，学校探索了混合式教学、翻转课堂等新型教学模式。这些教学模式注重学生的主体性和参与度，通过线上线下模式的有机融合，提高了教师教学效果和学生学习体验。学校还利用大数据、人工智能等先进技术对学生的学习行为进行分析和反馈，为每位学生提供个性化的学习路径和资源推荐。

在评价体系建设方面，学校建立了多元化、全过程的评价体系。学校通过对学生学习成果、教师教学效果、校企合作成效等多个方面的综合评价，确保人才培养质量的持续提升；同时，学校还注重评价结果的反馈和应用，及时调整和优化教学策略与实施方案。

在社会服务能力提升方面，学校积极参与社会培训、技术咨询和项目开发等活动。学校通过与企业合作开展技术攻关和产品开发项目，不仅提升了自身的科研能力和社会影响力，还为学生提供了更多实践机会和就业渠道。这种服务模式不仅满足了社会经济发展的需求，还推动了学校与企业的深度合作和共同发展。

6.4.3 "三教"改革成效评价

6.4.3.1 教师队伍素质显著提升

在专业群数字人才培养体系的推动下，"三教"改革中的教师队伍建设取得了显著成效。学校通过加强师德师风建设、提升教师专业素养和教学能力，打造了一支高素质的教师队伍。这些教师不仅具备扎实的专业知识和丰富的教学经验，还具备较强的实践能力。他们积极参与教学改革和科研活动，不断探索适应市场需求和学生特点的教学方法。

学校注重教师的培训与发展工作，为教师提供多样化的培训机会和发展平台。学校通过组织国内外学术交流、企业实践锻炼等活动，使教师能够及时了解行业动态和技术发展趋势，提升教师的专业素养和实践能力。同时，学校还建立了完善的激励机制和评价体系，激发教师的积极性和创造性。这些措施的实施为提升教师队伍整体素质提供了有力保障。

6.4.3.2　教材内容与教学方法不断创新

在专业群数字人才培养体系的框架下，教材内容与教学方法的创新成为"三教"改革的另一大亮点。学校紧跟行业动态和技术发展趋势，定期更新教材内容，确保学生所学知识与市场需求紧密对接。同时，学校还通过引入数字化教学资源，如在线课程、虚拟仿真实验、数字化教材等，丰富了教学手段和形式。

在教学方法上，学校鼓励教师采用灵活多样的教学方法和手段。通过项目式学习、案例教学、翻转课堂等新型教学模式的应用，激发学生的学习兴趣和主动性。这些教学模式注重学生的主体性和参与度，通过问题情境的创设和协作学习的开展，培养学生自主学习和解决问题的能力。同时，学校还利用大数据、人工智能等先进技术对学生的学习行为进行分析和反馈，为每位学生提供个性化的学习路径和资源推荐。

6.4.3.3　教学方法现代化与个性化

随着信息技术的飞速发展，教学方法向现代化与个性化发展成为"三教"改革的重要方向。在专业群数字人才培养体系中，学校充分利用大数据、人工智能等先进技术对学生的学习行为进行分析。通过对学生的学习数据进行分析和挖掘，学校能够了解各个学生的学习特点和需求，为他们提供个性化的学习路径和资源推荐。

同时，学校还加强了线上线下融合的教学模式建设。通过利用网络平台和移动应用等信息技术手段，学校打破了时间和空间的限制，为学生提供更加灵活便捷的学习方式。学生可以根据自己的时间和进度自行安排学习计划，提高了学习效率和学习体验。此外，学校还注重实践教学的开展和创新能力的培养；通过与企业合作开展项目式学习、实习实训等活动，使学生能够在实践中学习和掌握专业知识和技能，提升自己的实践能力和创新能力。

6.4.3.4　综合成效评价与展望

综上所述，专业群数字人才培养体系在推动现代职业教育体系建设重点任务实施、推进"一体、两翼、五重点"建设以及深化"三教"改革等方面取得了显著成效。该体系不仅提升了职业教育的整体水平和质量，还为社会经济发展输送了大量高素质的技术技能人才。然而，面对未来更加复杂多变的市场环境和更加严峻的挑战，我们仍需继续深化改革、创新实践，不断完善和优化专业群数字人才培养体系。

未来，学校将继续加强与企业的深度合作，建立更加紧密、稳定的合作关系。通过搭建实训基地、研发中心等合作平台，实现资源共享和优势互补，为学生提供更加真实、丰富的实践机会和就业渠道。同时，学校还将继续加强师资队伍建设，提升教师的专业素养和教学能力，通过引进高层次人才、加强教师培训与交流等措施，打造一支高素质、专业化的教师队伍。

此外，学校还将不断优化课程体系和教学内容，确保其与市场需求和技术发展趋势紧密对接，通过定期更新教材、引入数字化教学资源等措施，构建具有前瞻性和针对性的课程体系与教学内容。同时，学校还将注重培养学生的创新精神和实践能力，为学生未来的职业发展奠定坚实基础。

最后，学校将继续加强国际交流与合作，提升职业教育的国际化水平。通过参与国际职业教育标准制定、与国际先进教育机构开展交流与合作等方式，引进国外优质教育资源和先进教育理念。同时，鼓励学生参与国际交流项目、留学深造等活动，拓宽他们的国际视野。通过这些措施的实施，学校将不断提升职业教育的整体水平和质量，为社会经济发展提供更多高素质的技术技能人才。

6.5 创新性和适应性评价

在快速发展的数字经济时代，高等职业教育中的数字人才培养体系必须具备高度的创新性和良好的适应性，以应对快速变化的市场需求和技术革新。创新性和适应性的评价不仅关乎教育体系本身的完善与发展，更直接影响到其培养的人才的竞争力和市场需求匹配度。本节将从创新机制的建立健全、教学内容与方法的持续创新、对外合作与交流的深化以及灵活应对市场变化的策略与能力四个方面，对数字人才培养体系的创新性和适应性进行深入探讨。

6.5.1 创新机制的建立健全

6.5.1.1 创新基金与科研项目的设立

为了鼓励和支持师生在数字人才培养领域的创新活动，学校应设立专门的创新基金和科研项目。这些资金不仅用于资助具有前瞻性和创新性的研究与开发项目，还应覆盖从创意孵化到市场应用的全过程。学校通过定期举办项目申报与评审活动，筛选出具有市场潜力和学术价值的项目进行资助，确保创新活动能够持续、高效地进行。

6.5.1.2 创新团队与实验室的构建

为了提供良好的创新环境和条件，学校应成立专门的创新团队和实验室。这些团队和实验室应配备先进的研发设备与软件工具，吸引并聚集一批具有创新思维和实践能力的优秀人才。学校通过定期举办技术研讨会、工作坊和创新大赛等活动，激发团队成员的创新热情，促进跨学科交流与合作，推动数字人才培养领域的原创性成果不断涌现。

6.5.1.3 激励机制的完善

为了表彰和奖励在创新活动中表现突出的师生和团队，学校应建立完善的激励机制。这包括设立创新成果奖、优秀指导教师奖等奖项，对在科研、教学、社会服务等方面取得显著成绩的个人和团队给予物质和精神上的双重奖励。同时，将创新成果纳入职称评审、绩效考核等评价体系中，激发全体师生的创新动力。

6.5.2 教学内容与方法的不断创新

6.5.2.1 行业标准和职业资格认证的引入

为了确保教学内容的前沿性和实用性，学校应及时引入最新的行业标准和职业资格认证制度。学校通过与企业合作，共同制定人才培养方案和教学大纲，确保学生所学知识与市场需求紧密对接。同时，鼓励学生参加各类职业技能竞赛和认证考试，提升其职业素养和就业竞争力。

6.5.2.2 信息技术手段的应用

随着信息技术的飞速发展，学校应充分利用人工智能、大数据等先进技术优化教学效果。例如，通过引入虚拟仿真实验平台、在线课程等数字化教学资源，打破课堂时间和空间的限制，为学生提供更加灵活便捷的学习方式。同时，利用数据分析技术对学生学习行为进行跟踪和分析，为其提供更加个性化的学习路径和资源推荐。

6.5.2.3　教学模式的探索与创新

为了激发学生的学习兴趣和主动性，学校应积极探索新的教学模式。例如，采用项目式学习、翻转课堂等灵活多样的教学方法，让学生在实践中掌握知识和技能。学校可通过组织案例研讨、实地考察等活动，提高学生对行业现状和发展趋势的认识。同时，鼓励教师结合自身的专业背景和实践经验，不断创新教学方法和手段，提升其教学效果和质量。

6.5.3　对外合作与交流的深化

6.5.3.1　国际交流与合作

为了提升职业教育的国际化水平，学校应积极和国际先进教育机构开展交流与合作。通过参与国际职业教育标准制定、与国际知名高校联合培养等活动，引进国外优质教育资源和先进教育理念。同时，鼓励学生参与国际交流项目、留学深造等活动，拓宽其国际视野。通过与国际同行的交流与合作，学生可以及时了解国际教育发展趋势和前沿动态，为自身的发展提供有力支持。

6.5.3.2　校企合作的深化

为了打破学校与企业的界限，促进教育链与产业链的深度融合，学校应加强与企业的合作与交流，通过搭建实训基地、研发中心等合作平台，实现资源共享和优势互补。企业可以为学生提供真实的职场环境和实践机会，同时深度参与学校的教学计划和课程设置工作。学校应通过定期举办校企联席会议、技术研讨会等活动，加强双方之间的沟通与合作，共同推动数字人才培养体系的创新与发展。

6.5.3.3　科研项目的联合攻关

为了提升科研创新能力和成果转化效率，学校应与企业、科研机构等开展科研项目的相关合作。学校应通过组建跨学科、跨领域的科研团队，共同解决行业中的关键技术问题，通过科研成果的转化和应用推广，为数字人才培养体系的创新与发展提供有力支撑。同时，通过对科研成果的总结，形成具有自主知识产权的核心技术和产品体系。

6.5.4　灵活应对市场变化的策略与能力

6.5.4.1　市场监测机制的建立

为了及时掌握市场动态和人才需求变化趋势，学校应建立动态的市场监测机制。通过定期搜集和分析行业数据、企业需求、就业市场变化等信息，为人才培养提供数据支持和决策依据。通过深入分析市场趋势和预测未来的人才需求方向，学校通过这些预测信息及时调整和优化专业设置、课程体系等关键要素，确保数字人才培养与市场需求紧密对接。

6.5.4.2 产、学、研深度融合机制的构建

为了推动技术创新和产业升级与人才培养的深度融合，学校应构建产、学、研深度融合的机制。通过与企业建立紧密的合作关系，共同开展人才培养、技术创新和社会服务等活动。学校可以充分利用企业的技术资源和信息，优化自身教学内容和教学方法；企业则可以从学校获取高素质的技术技能人才和智力支持服务。通过产、学、研的深度融合，实现资源共享和优势互补，共同推动数字人才培养体系的创新与发展。

6.5.4.3 学生个性化发展与职业规划的引导

为了满足数字经济时代对多元化和个性化人才的需求，学校应注重学生的个性化发展和职业规划引导工作。通过为学生提供多样化的学习路径和职业规划指导服务，帮助他们明确自己的职业方向和发展目标。同时，加强对学生创新精神和创业意识的培养工作，鼓励他们积极参与创新创业活动和社会实践活动。学校通过提供实习实训机会和创业孵化服务等方式，为学生的职业发展提供有力支持。

6.5.4.4 创新能力与适应能力的持续提升

为了保证数字人才培养体系的创新性和适应性，学校应不断提升自身的创新能力与适应能力。这包括加强师资队伍建设工作，引进和培养具有创新精神和国际视野的优秀教师；加大科研创新工作力度，推动科技成果转化和产业化进程；加大信息化建设工作力度，提升教学和管理水平等方面的综合能力。

综上所述，创新性和适应性的评价是数字人才培养体系质量评价的重要组成部分。未来，随着数字经济的不断发展和教育改革的持续深入，我们将努力构建更加完善、高效、适应市场需求的数字人才培养体系。

7 数字人才培养体系的特色与创新

在构建高等职业院校 IT 相关专业群数字人才培养体系的过程中，一定要体现出专业群数字人才培养体系的特色与创新。首先，数字人才培养体系需要以市场需求为导向，通过精准对接产业需求，动态调整专业设置与课程内容，确保人才培养的实用性和前瞻性。其次，依托数字化产教融合平台，实现教育资源的高效整合与合理配置，促进了校企双方的深度合作与协同创新。在教育评价方面，数字人才培养体系引入了大数据和人工智能技术，构建了多元化、科学化的评价体系，全面、客观地评估学生的综合能力，推动了教育评价的改革与创新。此外，对教师能力的提升与教学方法的创新也是体系的一大亮点，通过校企合作、培训教师等手段，不断提升教师的专业素养和教学能力，进而促进学生个性化学习与发展路径的精准规划。这一系列特色与创新举措，共同推动了高等职业院校 IT 相关专业群数字人才培养体系的不断完善与发展。

7.1 数字人才培养体系的特色

在完善数字人才培养体系以支撑数字经济发展的背景下，高等职业院校 IT 相关专业在构建专业群数字人才培养体系时，应展现出鲜明的特色，这些特色不仅要响应《加快数字人才培育支撑数字经济发展行动方案（2024—2026 年）》的政策导向，还要紧密结合行业发展趋势与教学实践，为培养高质量数字人才奠定坚实基础。

7.1.1 深度产教融合，共建育人生态

高等职业院校应积极寻求与行业领先企业的合作，通过签订合作协

议、共建实训基地、联合研发项目等方式，实现教育与产业的深度融合。校企双方应共同制订数字人才培养方案，确保课程内容与行业需求高度匹配；校企双方应共同设计课程体系，通过融入企业真实案例和项目，使学生在学习过程中就能接触到行业前沿技术；校企双方应共同开发教学资源，包括教材、课件、实训平台等，为教学提供有力支持。此外，企业还参与教学过程，派遣技术专家担任兼职教师，为学生提供实践指导和职业规划建议。这种深度合作模式缩短了教育与产业之间的距离，为培养符合市场需求的高素质数字人才奠定了坚实基础。

为了进一步提升数字人才培养质量，高等职业院校致力于构建开放共享的产教融合生态。这一生态体系包括政府、企业、行业协会、科研机构等多方参与者，通过线上线下相结合的方式实现资源共享和优势互补。政府提供政策支持和资金引导，企业贡献技术资源和市场信息，行业协会提供行业标准和认证服务，科研机构则负责前沿技术的研发和创新。各方在平台上进行信息交流和项目合作，共同推动数字人才培养体系的不断完善和优化。这种开放共享的生态不仅丰富了教学资源，还为学生提供了更多的实践机会和职业发展空间。

7.1.2 创新课程体系，强化实践教学

面对数字经济时代对人才的多样化需求，高等职业院校 IT 相关专业群构建了模块化课程体系。这一体系将课程内容划分为多个模块，包括基础知识模块、专业技能模块、实践应用模块等。每个模块都包含若干门课程或实训项目，学生可以根据自己的兴趣和职业规划选择相应的模块进行学习。这种模块化设计使得课程体系更加灵活，能够满足不同学生的个性化需求。同时，课程体系还保持动态更新机制，及时吸纳新技术、新标准和新规范，确保教学内容与产业发展保持同步。这种灵活性和适应性使得学生在毕业后能够迅速适应市场并发挥自身优势。

实践教学是数字人才培养体系中的重要环节。高等职业院校 IT 相关专业群注重实践教学环节的设计和实施，通过项目驱动、案例分析、模拟实训等方式让学生在实践中掌握知识和技能。学校积极与企业合作共同开发实训项目和案例，确保实践教学内容的真实性和有效性。同时，学校鼓励学生参与企业实习和项目合作将所学知识应用于实际工作中，提升其应用能力和职业素养。此外，学校还建设了一批高水平的实训基地和实验室，

为学生提供先进的实践环境与设备支持。

7.1.3 树立终身学习理念，构建持续发展机制

在数字经济时代，知识更新速度越来越快、技能迭代周期越来越短。因此，高等职业院校 IT 相关专业群在构建数字人才培养体系时特别注重培养学生的终身学习能力和持续发展能力。学校通过开设在线学习平台、提供继续教育课程、举办行业论坛等方式为学生提供多样化的学习资源和学习机会鼓励他们树立终身学习的意识和习惯。同时，加强与行业协会、企业等机构的合作，为学生提供职业发展规划和咨询服务，帮助他们明确职业发展方向和目标。此外，学校还注重培养学生的创新思维和创业精神，鼓励他们积极参与创新创业活动，为社会经济发展贡献自己的力量。

7.2 数字人才培养体系的创新

在构建高等职业院校 IT 相关专业群数字人才培养体系的过程中，教育数字化成为推动创新的重要力量。

7.2.1 教育数字化赋能课程体系创新

随着信息技术的飞速发展，数字化教学资源库的建设成为提升教学质量和效率的重要手段。高等职业院校 IT 相关专业群积极利用大数据、云计算等现代信息技术手段建设数字化教学资源库。该资源库涵盖课程视频、教学课件、实训案例、行业报告等多种类型资源并实现资源的共享与动态更新。该资源库通过智能化推荐系统，为学生提供个性化的学习路径和资源推荐服务，提高其学习效率和学习效果。同时，鼓励教师和学生参与资源的创作和分享，营造共建共享的良好氛围。

虚拟仿真实验教学是教育数字化在实践教学领域的重要应用之一。高等职业院校 IT 相关专业群积极引入虚拟仿真技术，建立虚拟实验室等，为学生提供安全、便捷的实践机会。通过虚拟仿真实验教学，学生可以更直观地理解理论知识、掌握实验技能并积累实践经验。此外，虚拟仿真实验教学还可以降低实验成本和安全风险，提高实验教学的灵活性和可重复性。这种创新实践教学模式不仅丰富了教师的教学手段，还提高了学生的

实践能力和创新能力。

7.2.2 教育数字化深化产教融合，搭建数字化产教融合平台

为了进一步深化产教融合，高等职业院校 IT 相关专业群依托教育数字化技术搭建数字化产教融合平台。该平台连接学校、企业、行业协会等多方资源，可以实现信息共享、项目对接、人才交流等功能。学校通过这一平台，能够更加精准地把握产业需求，及时调整教学内容和课程设置；企业则通过这一平台，能够更直接地参与数字人才培养过程，为学生提供实习实训机会和职业发展指导。平台上的大数据分析功能还能帮助校企双方洞察行业趋势，预测未来人才需求，从而制定更具前瞻性的教育和培训计划。具体而言，数字化产教融合平台实现了四个方面的创新。

7.2.2.1 精准对接企业需求

该平台通过数据分析和挖掘，提取出企业对数字人才的具体需求，包括技能要求、岗位分布、薪资待遇等。这些信息为学校制定人才培养方案提供了有力支持，确保了教学内容的针对性和实用性。

7.2.2.2 资源共享与优化配置

该平台汇聚了政府、企业、学校等多方资源，包括政策、资金、技术、设备等。通过资源的共享和优化配置，提高了资源利用效率，降低了教育成本。同时，该平台还促进了知识的流动和创新，推动了产业的转型升级。

7.2.2.3 项目合作与协同创新

该平台为校企双方提供了项目对接和协同创新的机会。企业可以将自己的研发项目或技术难题发布在平台上，寻求学校的支持与合作；学校则可以借助企业的资源和市场优势，推动科研成果的转化和应用。这种合作模式不仅促进了技术创新和产业升级，还为学生提供了参与实际项目、积累实践经验的机会。

7.2.2.4 人才交流与职业发展

该平台提供了人才交流与职业发展的服务。企业可以在平台上发布招聘信息和人才需求，吸引优秀的毕业生加入；学校则可以通过平台了解企业的用人标准和职业发展路径，为学生提供更加精准的就业指导和职业规划服务。此外，该平台还定期举办行业论坛、技能竞赛等活动，为学生搭建展示自我、交流学习的平台。

7.2.3　教育数字化推动教育评价改革

传统教育评价体系往往侧重于对知识的记忆和对理解能力的考核，而忽视了对学生创新能力、实践能力和职业素养的评价。在数字人才培养体系中，教育数字化推动了教育评价体系的改革和创新。

数字化教育评价体系利用大数据和人工智能技术，全面、客观地搜集学生的学习和行为数据，包括学习时长、学习成效、项目完成情况、团队协作能力等多个维度。学校通过对这些数据的分析，可以更加精准地评估学生的学习状态和能力水平，为教学提供有针对性的反馈和指导。

同时，数字化教育评价体系还结合行业标准和企业需求制定了科学合理的评价标准与方法。这些标准和方法不仅关注学生对知识的掌握程度，更重视学生的实践能力和职业素养的培养。通过对学生综合能力的评价，可以更加准确地反映学生的市场竞争力和职业发展潜力。此外，数字化教育评价体系还注重学生的自我评价和同伴评价。通过在线问卷调查、小组讨论、互评作业等方式，鼓励学生积极参与评价过程，培养其自我反思和批判性思维的能力。这种多元化的评价方式不仅提高了评价的客观性和公正性，还促进了学生之间的交流和合作。

7.2.4　教育数字化促进教师发展与学生成长

7.2.4.1　教师能力提升与教学方法创新

在数字人才培养体系中，教育数字化不仅改变了学生的学习方式，也促进了教师对教学方法的创新。

首先，教育数字化为教师提供了丰富的教学资源和工具。教师可以通过在线学习平台获取最新的教学理念和教学方法，利用数字化教学资源库获取丰富的教学案例和实训项目。这些资源和工具不仅丰富了教师的教学手段，还提高了教学效率和效果。

其次，教育数字化促进了教师的专业成长和学术交流。教师可以通过网络平台与同行进行交流和分享教学经验；通过参加线上线下的教师培训和研讨会提升自己的专业素养和教学能力；通过参与科研项目和技术创新活动来推动科研成果的转化和应用。这些活动不仅促进了教师的专业成长，还推动了教育领域的学术交流和创新发展。

最后，教育数字化推动了教学方法的创新和改革。教师可以根据学生的特点和需求采用灵活多样的教学方法和手段，如案例教学、项目驱动教学、翻转课堂等。这些方法不仅激发了学生的学习兴趣和积极性，还培养了学生的自主学习能力和创新能力。同时，教师还可以通过数据分析，了解学生的学习情况和学习成效并及时调整教学策略和方法，以提高教学效果和质量。

7.2.4.2　学生个性化学习与发展路径规划

在数字人才培养体系中，教育数字化为学生提供了个性化学习和发展路径规划的支持。通过大数据和人工智能技术，可以分析学生的学习数据和行为数据，来发现其兴趣特长和潜在能力，并为其推荐个性化的学习资源和发展路径。具体而言，系统可以根据学生的学习进度和学习成效为其推荐适合的课程和学习资源；根据学生的职业规划和兴趣方向为其制定个性化的实习实训计划和职业发展规划；通过智能推荐系统为学生推送相关的行业动态和招聘信息，帮助其更好地了解市场需求并制定职业规划。

此外，系统还可以为学生提供个性化的学习辅导和心理咨询服务。通过在线辅导和答疑系统解决学生在学习过程中遇到的问题与困惑，通过心理测评和咨询服务帮助学生调整心态、缓解压力、增强自信心。这些个性化的服务不仅提高了学生的学习效率和效果，还促进了学生的身心健康和全面发展。

8 研究结论与未来展望

8.1 研究结论

8.1.1 深入研究背景，提出研究问题

在本书的开篇，我们详细剖析了政策背景、产业背景以及数字人才需求背景，这些背景分析为我们后续的研究奠定了坚实的基础。在政策背景方面，我们梳理了国家及地方关于加快数字人才培养的政策文件，明确了政策导向；在产业背景方面，我们深入分析了信创产业、数字产业化及产业数字化的发展现状与趋势，揭示了数字人才培养的紧迫性和重要性；在数字人才需求背景方面，我们则从数字产业化和产业数字化人才需求出发，明确了数字人才应具备的知识、技能和素质要求。

通过对这些背景的深入研究，我们不仅加深了对数字人才培养重要性的认识，也为后续研究指明了方向。高等职业院校作为培养高素质、高技能人才的重要阵地，必须紧跟时代的步伐，积极应对数字经济的挑战，构建满足数字经济需求的数字人才培养体系。

8.1.2 系统构建了数字人才体系，实现跨专业领域协同育人

在明确研究背景的基础上，研究团队系统地构建了高等职业教育数字人才培养体系。该体系以政策为导向，以产业需求为牵引，以教育数字化转型为支撑，以专业群建设为载体，实现了教育资源的合理配置和协同育人。

在专业群构建方面，我们根据产业链、技术链和人才链的需求，将相关或相近的专业进行有机整合，形成了具有特色和优势的专业群。通过专

业群的协同作用，我们打破了传统专业壁垒，促进了学科的交叉融合，提高了人才培养的针对性和实效性。

在课程体系建设方面，我们紧密对接产业需求和职业标准，构建了以项目为导向、任务为驱动的三层架构课程体系。通过引入真实项目和企业案例，为学生提供了丰富的实践机会和真实的学习及实践环境，提高了学生的实践能力和职业素养。

在教学模式改革方面，我们积极探索线上线下相结合的数字化教学模式，提高教学的互动性和参与度。同时，我们还注重培养学生的自主学习能力和创新思维能力，鼓励学生积极参与科研和创新创业活动，深入产教融合、科教融合，提高数字人才培养质量。

8.1.3 实证研究验证，形成可借鉴经验

为了验证数字人才培养体系的可行性和有效性，本研究在重庆城市管理职业学院进行了实证研究。通过实证研究，我们不仅验证了该体系在提升数字人才培养质量、促进产教融合、推动教育改革等方面起着积极作用，还形成了可借鉴、可复制的成功经验。

在实证研究过程中，注重数据的搜集和分析工作。通过问卷调查、访谈、案例分析等多种方法，本研究收集了大量关于数字人才培养体系实施效果的数据信息。然后，运用统计学和教育学相关理论对这些数据进行了深入分析，得出了具有科学性和客观性的结论。

通过实证研究验证的数字人才培养体系，不仅具有较高的应用价值，还为其他高等职业院校提供了有益的参考和借鉴。本研究相信在未来的实践中，该体系将不断完善和优化，为更多学生提供更好的学习和发展机会。

8.1.4 建立数字人才培养体系的质量评价标准，确保人才培养质量

为了确保数字人才培养体系的有效实施和持续改进，本研究创新性地提出了数字人才培养体系的质量评价标准。该标准涵盖了实施路径的有效性、产教融合平台建设的深化程度、培养模式的实施效果、教育改革的推进程度以及创新性和适应性等多个维度。

在实施路径的有效性评价方面，本研究注重评估数字人才培养体系是否符合政策导向和产业发展需求；在产教融合平台建设的深化程度评价方

面，我们关注平台建设的实际成效和对学生实践能力的提升作用；在培养模式的实施效果评价方面，我们注重评估学生的综合素质和职业素养是否得到提高；在教育改革的推进程度评价方面，我们关注学校在课程体系、教学模式等方面的改革力度和成效；在创新性和适应性评价方面，我们关注数字人才培养体系在面对新挑战和新机遇时的创新能力和适应能力。这些数字人才培养体系的质量评价标准的建立，不仅为数字人才培养体系的持续优化提供了科学依据，也确保了数字人才培养质量与社会需求的紧密对接。

8.1.5 总结特色与创新点，彰显体系优势

在构建数字人才培养体系的过程中，本研究注重体现特色与创新。

8.1.5.1 产教融合深度融合

重庆城市管理职业学院通过搭建"1331N"数字化产教融合平台，学校实现了教育链、人才链与产业链、创新链的有效衔接。该平台的建设不仅为学生提供了丰富的实践机会和真实的学习环境，还促进了学校与行业企业的深度合作和共赢发展。

8.1.5.2 专业融合发展

重庆城市管理职业学院打破了传统专业壁垒，促进了学科交叉与融合。在专业群构建过程中，我们注重不同专业之间的互补性和协同性，通过共享资源、优化课程等方式实现了专业之间的深度融合。这种融合不仅提高了数字人才培养的针对性和实效性，还为学生提供了更广阔的发展空间。

8.1.5.3 创新人才培养模式

重庆城市管理职业学院实施了数字化"三全育人"模式，提高了学生的综合素质和实践能力。同时，还注重培养学生的自主学习和创新思维能力，鼓励学生积极参与科研和创新创业活动。这些举措不仅提高了学生的综合素质和职业素养，还为学生未来的职业发展奠定了坚实基础。

8.1.5.4 特色化软件数字人才培养路径

针对软件行业的特点和需求，本研究探索了特色化软件数字人才培养路径。这一路径不仅涵盖了扎实的编程基础、算法设计与分析能力，还强调了软件开发全生命周期的理解与应用，包括需求分析、系统设计、编码实现、测试验证以及后期维护等。同时，本研究引入了敏捷开发等现代软

件开发理念与工具，确保学生毕业后能迅速满足行业快速迭代的需求。

8.1.5.5　增强实践与创新能力

为了提升学生的实践能力和创新能力，本研究构建了多层次、多维度的实践教学体系。除传统的实验室实训、企业实习外，我们还鼓励学生参与科研项目、创新创业大赛、技术论坛等活动，通过解决实际问题来锻炼其创新思维和团队协作能力。此外，还与企业合作，共同开发实训课程和项目案例，确保教学内容与行业前沿保持同步。

8.1.5.6　终身学习理念的培育

在数字时代，技术更新换代速度极快，自主学习已成为每个数字人才必备的能力。因此，在数字人才培养过程中需要注重培养学生的自主学习能力，引导他们掌握学习方法和技巧，以便他们在未来的职业生涯中能够持续学习、不断进步。

8.1.5.7　构建开放合作生态

本研究积极构建开放合作的生态系统，与国内外知名高校、研究机构、行业协会以及数字技术龙头企业建立广泛的合作关系。通过共建数字经济产业学院、师资互派、资源共享等方式，为学生提供了更加广阔的学习和发展平台。同时，这种合作模式也有助于我们及时了解行业动态和人才需求变化，为数字人才培养体系的持续优化提供有力支持。

8.2　未来展望

8.2.1　对接现代职业教育体系与区域产业发展

展望未来，笔者将继续深入研究如何紧密结合现代职业教育体系建设的要求和重庆市"33618"支柱性产业的发展需求，进一步优化和完善数字人才培养体系；深入研究如何按照"一体、两翼、五重点"的总体布局，积极对接区域产业发展需求，调整和优化专业群设置和课程体系，确保数字人才培养与市场需求的高度契合。同时，学校还将加强与企业、行业协会等机构的合作与交流，共同推动产教融合向纵深发展，为区域经济发展提供有力的人才支撑。

8.2.2　响应教育部新"双高"要求，持续研究与优化体系框架

随着教育部新"双高"项目的推进和实施，笔者认为学校应积极响应其新要求和新标准，持续优化和完善数字人才培养体系框架。具体而言，学校应加强师资队伍建设，加大教学资源整合力度，提升教学质量和科研水平；同时，学校还应深化数字化教育教学，加大创新人才培养模式改革力度，推动数字人才培养质量持续提升。此外，学校还应密切关注行业动态和技术发展趋势，及时调整和优化课程体系和教学内容，确保数字人才培养体系动态更新和调整。

8.2.3　面向未来的技能需求

随着数字技术的不断发展，未来数字人才将需要掌握更加前沿和复合的技能。例如，人工智能、大数据、云计算、区块链等新兴技术将成为数字领域的核心驱动力。因此，学校应持续关注这些领域的发展动态，及时调整和优化数字人才培养体系，确保学生能够掌握最新的技术和知识。

8.2.4　强化跨学科融合

未来社会将更加注重跨学科知识的融合与应用。数字人才不仅需要具备扎实的专业知识，还需要了解其他领域的相关知识，如经济学、管理学、社会学等。因此，学校应进一步加强跨学科教育与合作，推动不同学科之间的交流与融合，培养学生的综合素质和创新能力。

8.2.5　推动个性化教育

每个学生都有其独特的兴趣、能力和发展潜力。未来，学校应更加注重个性化教育的实施，通过智能化教学系统、个性化学习路径规划等方式，为每个学生提供量身定制的学习方案和发展路径。这将有助于激发学生的学习兴趣和动力，促进其全面发展。

8.2.6　加强国际交流与合作

在全球化背景下，国际交流与合作对于提升数字人才培养质量具有重要意义。学校将继续加强与国际知名高校、研究机构的交流与合作，引进国外先进的教育理念和技术手段，推动中国数字人才培养模式的国际化发

展。这将有助于提升我国数字人才的国际竞争力，促进全球数字经济的共同发展。

8.2.7 构建终身学习体系

为了适应数字时代快速变化的需求，学校应致力于构建终身学习体系。通过搭建在线学习平台、建立学习资源库、提供职业发展规划等方式，为学生提供持续学习和成长的机会。同时，学校还应加强与企业、行业协会等机构的合作，共同推动终身学习理念的普及和实践。这将有助于培养适应未来社会发展的高素质数字人才。

8.2.8 探索研究构建基于职业本科的专业群数字人才培养体系

在未来的研究中，如何构建基于职业本科的专业群数字人才培养体系，应紧密围绕国家数字人才培养方案要求，结合新"双高"建设与现代职业教育体系的实施路径，形成一套科学、系统且具前瞻性的培养体系是本研究需要继续深入的重要方向。

首先，学校应积极响应人力资源和社会保障部等九部门联合发布的《加快数字人才培育支撑数字经济发展行动方案（2024—2026 年)》，聚焦大数据、人工智能、智能制造、集成电路、数据安全等关键领域，制定符合职业本科教育特色的数字人才培养方案。通过细化专业方向，设置物联网、云计算、区块链等新兴交叉学科专业，确保课程体系与数字经济发展需求高度契合，提升数字人才的自主创新能力，激发其创新创业的活力。

其次，在新"双高"建设的背景下，职业本科教育需进一步提升办学能力，优化专业结构，加强师资队伍建设。具体而言，学校应构建跨学科、多学科、交叉学科的课程体系，打破理工科与人文社科之间的界限，实现知识体系由线性趋同向多维分化转变。同时，通过校企合作、产教融合，共建数字产业学院，推动学科间、学院间的深度合作，实现人才培养从交叉走向融合。此外，还应加强"双师型"教师队伍建设，聘请企业高级数字科技人才进课堂，共同搭建科学合理的教学平台，提升教师的教学质量与实践能力。

再次，现代职业教育体系的实施路径为数字人才培养提供了重要支撑。职业本科教育应紧密对接市场需求，动态调整专业布局，确保教育人才输出与社会需求高度一致。通过建立开放型区域产教融合实践中心，推动实践教学与产业需求的深度融合，提升学生的实践能力和职业素养。同时，利用"学分银行"等机制，实现学历职业教育与非学历职业技能培训的学分认定、积累和转换，为数字人才的多样化成长成才提供制度保障。

最后，未来的研究还需关注对数字人才在国际化视野与终身学习能力的培养。在全球竞争日益激烈的今天，职业本科教育应积极开展国际交流与合作，引入国际先进的教育理念和教学资源，提升学生的国际竞争力。同时，培养学生的自主学习意识，鼓励其持续学习新知识、新技能，以适应不断变化的职业需求。

综上所述，构建基于职业本科的专业群数字人才培养体系，紧密结合国家数字人才培养方案的要求，新"双高"建设与建立现代职业教育体系是教育改革的必然趋势和改革方向，各院校应采取加强师资队伍建设、深化产教融合、拓展国际视野与终身学习能力培养等措施，为数字经济高质量发展提供有力的数字产业化和产业数字化的人才支撑。

参考文献

[1] 汪忆，周沁. 大数据技术概论［M］. 北京：清华大学出版社，2023.

[2] 汪忆，武飞飞，郭文欣. 特色化行业应用软件技术人才培养内涵与特色研究［J］. 新潮电子，2023（5）：22-24.

[3] 汪忆，张文科，丁允超. 双高背景下打造高水平人工智能专业群的策略与路径研究［J］. 科学咨询，2021（18）：106-107.

[4] 汪忆，丁允超，丁玉霞，等. 构建专业群平台化模块化生态化T型创新型人才培养模式的路径研究［J］. 科学咨询，2021（49）：184-186.

[5] 汪忆，钟世成，陈素琼. 构建重型机械装备制造企业大数据平台相关的技术架构研究［J］. 计算机应用文摘，2023，39（13）：92-95.

[6] 罗保莲. 数字经济发展背景下人才培养体系的改革创新研究［J］. 财讯，2021（11）：2.

[7] 王磊，苗春雨. 数字经济背景下高校数字人才培养的路径探究［J］. 中国大学教学，2023（7）：25-33.

[8] 李佩洁，王娟. 高校数字人才培养体系建设现状与展望［J］. 社会科学家，2021（8）：156-160.

[9] 鲁海波，马玉花. 基于数字人才培养的项目式教学研究：以"应用线性模型"课程为例［J］. 教育进展，2024，14（7）：5.

[10] 杨凡，林晓，戴杨，等. 中国数字人才空间分布与流动格局：基于京津冀、长三角和粤港澳地区的分析［J］. 地理科学，2024（6）：964-972.

［11］肖晓兰，陈凯逸. 强化数字人才建设，助推数字经济高质量发展 ［J］. 中小企业管理与科技，2024（5）：167-170.

［12］李毅. 加强数字人才建设 助推企业高质量发展 ［J］. 冶金管理，2024（7）：73-76.

［13］陈蕾，马慧洁，周艳秋. 企业数字化转型的前因组态、模式选择与推进策略 ［J］. 改革，2024（7）：65-79.

［14］朱光甲. 教育信息化背景下数字媒体专业人才培养体系的优化 ［J］. 印刷与数字媒体技术研究，2023（4）：34-40.